Ulf Werner

Wilde Sehnsucht

ULF WERNER

WILDE SEHNSUCHT

PUNK, PREDIGT UND PASSION
Der Rhythmus meines Lebens

247
125

„Wenn sich die Stille nun tief um uns breitet,
so lass uns hören jenen vollen Klang
der Welt, die unsichtbar sich um uns weitet,
all deiner Kinder hohen Lobgesang.“

Dietrich Bonhoeffer

Für Doro und meine Kinder,

das Rudel,

die Engel des Alltags,

alle Herzensmenschen und die, die vorgegangen sind
über die weltliche Ziellinie Richtung Ewigkeit.

EINLEITUNG

Seit Anbeginn der Zeit weht der Gesang des Windes über unseren blauen Planeten, den wir Erde nennen. Es ist sein Rhythmus, zu dem die Ähren der Roggenfelder tanzen, und seine Melodie, die nachts durch gekippte Fenster und Schlüssellöcher in die Träume der Menschen dringt.

Sein geheimnisvolles Echo hallt in ihren Herzen wider, lockt sie aufzustehen und sich auf die Suche zu machen – nach etwas, das ihrem Leben Tiefe verleiht.

Wer diesem Ruf folgt, begibt sich auf eine abenteuerliche Reise.

Startet seine persönliche Expedition Ewigkeit.

Jeden Tag machen sich Menschen auf den Weg und folgen dieser *Wilden Sehnsucht*.

Sie tauchen hinab in die Tiefen ihrer Seele oder jagen im Rudel vereint den Momenten nach, in denen der Himmel die Erde küsst.

Unterwegs begegnen sie Gott an den verschiedensten Orten und in den unterschiedlichsten Situationen.

In einem tiefen Gespräch am Tresen einer Bar, in den Wellen des ewigen Ozeans oder in den grünen Blättern des Waldes. In gemeinsam geweinten Tränen der Trauer, in der großen Stille oder im fröhlichen Tanz des Lebens.

Die Zugänge zum Göttlichen sind vielfältig. Bunte Pinselstriche eines göttlichen Malkastens.

Menschen, die es wagen, auf Expedition Ewigkeit zu gehen, werden zu Schatzsuchern und Forschern. Sündern und Heiligen, Geisterfahrern und Tagedieben.

Die Reise ist kein Wettrennen.

Es geht nie darum, gegen andere zu gewinnen.

Es geht um die Kunst, ein möglichst erfülltes Leben zu führen, auf dem eigenen Tanz durch die Jahrzehnte.

Es geht darum, seinen eigenen, persönlichen Entdeckungspfad hin zu einem intensiven Glauben zu erforschen.

Im Kleinen und Großen.
Lachen und Weinen.
Stolpern und Aufstehen.
Im Lauten und Leisen.
In Licht und Schatten.
Im Schweigen und in der Musik.

Gott steckt in allen Dingen.

Dieses Buch möchte Mut machen, dem Gesang des Windes zu folgen.

Es erzählt Geschichten eines Suchenden, die so oder so ähnlich passiert sind, und singt Lieder, die auf dem Weg entstanden sind.

Es ist ein Weg, der noch nicht zu Ende gegangen ist.

Genau wie dein Weg.

Ich grüße dich aus der Ferne, wünsche dir alles Glück und immer eine Handbreit Wasser unter dem Kiel für deine Expedition Richtung Ewigkeit.

Ulf Werner

Dieses Buch kann singen:

Scanne den QR-Code mit einem Smartphone, schon werden Titel aus dem Buch bei Spotify – Playlist von Ulf Werner: „*Wilde Sehnsucht*“ – abgespielt.

„Ich hab geträumt, es fallen Sterne.
Nicht nur einer, nein, eine Billion.
Über allen Ländern dieser Erde
eine Feuerwerksfunkenvision.
Ich hab gehört, dass heut ein Sturm kommt,
weißes Rauschen statt Rockradio.
Über allen Städten frischer Regen,
erste Tropfen auf meinem Balkon.

Eine Sprache, eine Liebe,
egal, wer du bist, egal, wo du bist:
Eine Sprache, eine Liebe,
egal, wie verloren du bist: Komm vom Schatten ins Licht.

Aus meinen Augen fallen Tränen.
Aus dem Bach wird ein Fluss, wird ein Strom.
Alle Tage eines schweren Lebens
fließen weiter und weiter davon.
Und durch die Straßen laufen Menschen,
bunte Farben auf grauem Beton.
Und auf einmal höre ich sie singen …

Song: Vom Schatten ins Licht

KINDER DER NACHT

Ich lebe in einer Welt, die erfüllt ist vom Klang der Ewigkeit. Göttliche Schwingungen, die durch jeden Riss im Beton und jeden Spalt von uns errichteter Mauern dringen. Sie sickern durch jedes Grau des Alltags. Fegen über jede Grenze. Schwingungen, die mich für einen Moment in die Unendlichkeit heben. Mächtiges Rauschen, ekstatische Freude oder sanftes Echo der Hoffnung, das in den tiefsten Tiefen und dunkelsten Stunden widerhallt.

Immer dann, wenn ich von diesen himmlischen Melodien erfasst und durchdrungen werde, bin ich verbunden mit diesem himmlischen Dynamo, dessen Kern sich dreht und dreht und die Schwingung verwandelt in Energie, die uns alle leuchten lässt.

Verbundenheit. Dankbarkeit. Liebe.

All das schwingt nach. Wie eine Stimmgabel aus Metall, deren leiser werdende Schwingung in uns nachhallt.

Ich weiß, dass ich noch nicht im Paradies lebe und wie alle anderen durch Licht und Schatten wandere.

Ich weiß, die Welt wird weiterhin täglich nach uns greifen und uns einholen.

Dennoch. Bei meinem Stolpern und Tanzen durch die Jahrzehnte, bei meinen Versuchen, mich selbst so anzunehmen, wie ich bin, bei jedem Höhenflug, bei jedem Scheitern, immer wieder habe ich diesen geheimnisvollen Gesang gehört. Nicht nur im Licht, sondern auch im Schatten.

Egal, wie tief die Nacht war. Dieser Gesang trägt eine *Wilde Sehnsucht* in sich und die Hoffnung, dass ein erfülltes Leben möglich ist. Selbst im tiefsten Sumpf der Sorgen. Diese Sehnsucht hat etwas Aufrichtendes. Egal, in welcher Lebenslage sie erwacht.

Jedes Mal, wenn mich diese Melodie wieder verlässt und aus meinem Körper rinnt, bleibt neben der Trauer ein leises Echo zurück und diese *Wilde Sehnsucht*. Es ist Gottes liebevoller Lockruf, der uns einlädt, wieder am Leben teilzunehmen, trotz allem Bullshit und allem Elend, das uns auf unserer Expedition Richtung Ewigkeit begegnet. Es ist der Ton, der uns zum Schwingen bringt und wieder resonanzfähig macht. Der Kuss, der vertrocknete Liebe wiederbelebt, und der Kompass, der uns zu den Momenten leitet, die das Leben lebenswert machen.

Ich habe viele Dinge im Leben nicht verstanden und eher durch Schmerz als durch Weisheit gelernt. Mittlerweile bin ich mir zumindest in einem sicher: dass meine Aufgabe im Leben darin besteht, Menschen wieder dafür zu begeistern, ihren Sehnsüchten nachzujagen und schwingungsfähig zu werden für die Gottesmomente, die unser aller Leben lebenswert machen. Auch wenn manches beschissen ist, selbst wenn die Welt immer wieder nach uns greift und uns einholt.

Egal, ob als Barkeeper hinter den Tresen St. Paulis oder als Musiker auf den Bühnen der Republik, als Pastor am Krankenhausbett eines Sterbenden oder als Sexualtherapeut auf der Suche nach der verlorenen Leidenschaft, mir geht es immer darum, Herzenstüren zu öffnen und miteinander auf spirituelle Suche zu gehen.

Auf diesem spirituellen Weg geht es darum, miteinander in Beziehung zu treten und voneinander zu lernen. Es ist ein dynamischer Prozess, in dem wir uns immer wieder als Menschen begegnen. Wir sind miteinander auf Augenhöhe durch das Bewusstsein, dass wir Licht und Schatten in uns tragen und gemeinsam voneinander lernen wollen. Es geht darum, sich gegenseitig berühren zu lassen von den Melodien des Alltags. Und darum, gemeinsam zu wachsen – während unseres Tanzes durch dieses verrückte Leben, auch wenn wir nicht genau wissen, wohin es uns führen wird.

Wir sind verbunden durch den Rhythmus des Lebens, drehen bei unserem Tanz durch die Jahrzehnte unsere Pirouetten und Kreise, sind dabei Sünder und Heilige, Licht und Schatten, vor allem Menschen mit Herz. Es ist das goldene, klingende Band der Ewigkeit, das uns verbinden möchte, so lange bis wir irgendwann über die weltliche Ziellinie in die Ewigkeit gleiten.

Von ein paar besonderen Momenten auf dieser spirituellen Reise möchte dieses Buch erzählen. Ich selbst bin bloß einer von vielen Geisterfahrern da draußen, die das Leben lieben und manchmal auch hassen – die scheitern, küssen, lachen, weinen, zusammenbrechen, aufstehen und neu anfangen. Und die versuchen, zu dieser geheimnisvollen Melodie der Ewigkeit zu tanzen. Mit der *Wilden Sehnsucht* im Herzen, dass wir am Ende dort ankommen, wo alles gut ist.

Dieses Buch ist für euch.

GOTTESMOMENTE

„Und den einen Moment war'n wir kurze Zeit eins
mit dem Großen und Ganzen.
Bitte begreif,
dass uns dieses Gefühl, Stück für Stück,
aus den Fingern glitscht.
Iggitiggiti, oh what a pity.
Fuck war das schön."

Song: Fass die Uhr nicht an

Kennst du diese Momente im Leben, in denen alles Sinn ergibt? In denen Subjekt und Objekt verschmelzen, in denen alle Sorgen vergessen sind und du eins wirst mit dem göttlichen Großen und Ganzen?

Sie sind wunderschöne Erfahrungen, die in verschiedenster Gestalt auf uns zukommen: ein tiefes Gespräch, ein Erlebnis in der Natur, ein sinnliches gemeinsames Erleben, der Moment eines Konzerts, wo der Funke überspringt. Momente eben, die unser Leben lebenswert machen. Momente, die bleiben. Momente, denen wir nachjagen, die wir aber selbst nie erzwingen können, sondern die uns von Gott geschenkt werden, selbst wenn wir gerade nicht mit ihnen rechnen.

Wir können sie nicht aus eigener Kraft herbeiführen, das haben mich vor allem die vielen Jahre als Tourmusiker gelehrt. Da gab es Abende, an denen der Schweiß von der Decke tropfte, die feiernde Menge symbiotisch verschmolz und sich Menschen vor Begeisterung röhrend im Einklang mit sich selbst und unserer Musik Arm in Arm über den bierversifften Boden eines Kellerclubs wälzten.

Während dieser Momente hoben wir für kurze Zeit ab in die Unendlichkeit, es gab kein Publikum und keine Band mehr. Wir waren alle eins, wir waren die Musik. Wir waren Schwingung. Und jedes Mal war es schmerzhaft, diesen Moment wieder zu verabschieden.

Er glitschte uns durch die Finger. Wie ein nasser Aal. Egal, wie viel Whisky und Rum getrunken wurde, egal, wie viele Joints entzündet oder wie viel Koks gezogen wurde, keine Droge der Welt schaffte es, diesen paradiesischen Zustand wiederherzustellen. Wir standen wieder vor dem Garten Eden. Wir waren nackt und verschwitzt, verwirrt grinsend, weil wir etwas Wunderbares erleben durften. Aber auch zutiefst traurig, dass uns dieser Moment wieder genommen wurde. Als hätte uns der Wächter des Paradieses mit einem Arschtritt von Wolke 7 in den stinkenden Tourbus befördert. Und wir jagten in die nächste Stadt, hungrig, genau diesen Moment erneut zu bekommen.

Aber nicht immer wurde er uns geschenkt.

Wir konnten noch so gut vorbereitet sein auf unsere Shows. Doch manchmal wollte der Funke einfach nicht überspringen – obwohl sich unser Posaunist ausnahmsweise die Zähne geputzt hatte, obwohl vor der Show einmal gnädigerweise unsere Instrumente gestimmt waren (inklusive Soundcheck), obwohl wir alles gleich machten wie am Abend zuvor. Ich fühlte mich dann jedes Mal um die Auszeit im Paradies betrogen und haderte – bis mich die Liebe meiner Band wieder aufrichtete.

Die Jagd nach diesen Gottesmomenten zieht immer wieder Verlust, *Wilde Sehnsucht* und neue Suche nach sich. Wir sind einfach noch nicht im Paradies. Aber die Möglichkeit, einen solchen Moment zu erleben, ist immer alle Mühe wert.

Das habe ich als junger Punkmusiker intuitiv gespürt, als ich mit 23 in diesen kleinen, klapprigen Tourbus gestiegen bin, der für mich viele Jahre die Welt bedeutete. Und das sage ich auch heute, viele Jahre später, als Hamburger Großstadt-Pastor, der auch andere Orte und Formen von Gottesmomenten erleben durfte. Am Ende geht es genau um diese Momente, egal, in welcher Lebensphase wir uns befinden, egal, wie lost oder wie gesettelt wir sind. Egal, wie reich oder arm.

Also, lieber Geisterfahrer, der du auf der Suche bist nach einem Ort, an dem du dich zu Hause fühlst: Ich grüße dich. Gesegnet sei deine heilige Suche nach dem verloren gegangenen Paradies.

Dein Weg wird nicht immer einfach sein, denn manchmal ist es nur ein schmaler Grat zwischen Freiheit und

Einsamkeit, zwischen Rausch und Sucht, zwischen Aufstieg und Absturz … und dennoch: **Jeder göttliche Moment, an dem es dir vergönnt sein wird, die Unendlichkeit zu schmecken, ist die Reise wert. Denn nur so erhältst du einen Vorgeschmack auf das, was uns alle am Ende unseres Weges erwartet.**

Für diese Gottesmomente lohnt es sich zu leben, ihnen nachzujagen, sie zu feiern und zu betrauern, wenn sie uns verlassen, wenn sie uns wieder durch die Finger glitschen und die Welt wieder nach uns greift, indem sie uns ins Ohr flüstert: Das ist noch nicht das Paradies.

Mittlerweile glaube ich, jeder Moment der Verlorenheit birgt die Chance in sich zu wachsen und jede Krise, die du zu überwinden schaffst, macht dich stärker, auch wenn ich persönlich gerne auf die ein oder andere verzichtet hätte auf meiner eigenen Geisterfahrt durch das verrückte Leben.

DER SCHWARZE HUND

„Warum willst du die
Welt verändern?
Was bildest du dir eigentlich ein,
du Nichts?
Wenn überhaupt wird dich die Welt verändern,
sie kann auch ganz gut ohne dich!
Er greift jetzt an, mit dem Hass der Welt,
eine Pest, die mich schwächt, langsam frisst und entstellt,
denn die Welt wiegt so viel, ist so viel, wiegt so schwer,
hier ist meine Kehle!
Vor meinem Bett,
steht ein schwarzer Hund,
auf dunklem Grund,
drängt mich in den Hintergrund."

Song: Der schwarze Hund Davidstrasse 35

Die Davidstraße. Seitenader der großen, pulsierenden Vene Reeperbahn. Vorbei an der Davidwache, über glänzendes Kopfsteinpflaster. Vorbei an den roten Laternen. Immer geradeaus, bis sich die ersten Masten und Schornsteine der im Hafen liegenden Schiffe aus dem Hamburger Schietwetter schälen. Wenn der Wind richtig steht, hörst du den Hafen singen. Folgst du seiner tiefen, lockenden Melodie, kannst du am Ende der Straße Platz nehmen auf einem Logenplatz, der den Blick auf die ganze, strahlende Szenerie des Hafens freigibt. Du siehst die Lichter und hörst die Sinfonie, gespielt von einem Orchester, das niemals schläft.

Dock 17 schlägt Feuerwerksfunken, es wird geschweißt, repariert, gewartet und neu gebaut. Die kraftstrotzenden Motoren der kleinen Schlepper ziehen wummernd große Tanker zu den emsigen Entladekränen. Alles hat seinen Rhythmus und seinen Beat. Es riecht nach Schnaps und Limetten. Nach Dieselbenzin und Marihuana. Zertretene Zigarettenstummel und Plastikbecher am Boden der hölzernen Zuschauerbänke.

Der Hafen singt sein Lied für alle, die zuhören.

Wenn ich mich damals aus dem Fenster meines Wohnhauses mit der Nummer 35 lehnte, konnte ich seine Lichter sehen, wenn ich die Augen schloss und wirklich ruhig wurde, konnte ich seinen Rhythmus fühlen. Hier am Hafen beginnt diese Geschichte. Im dritten Stock der Davidstraße.

Ich hatte dort eine kleine Musikerkommune gegründet, gemeinsam mit Johnny Mocanelli, einer weiteren Musikerseele auf der Suche nach der Ewigkeit.

Die Davidstraße war unser Kreativort. Johnny und ich teilten uns ein großes Zimmer, in das wir einen Vorhang eingezogen hatten. Er wurde immer dann zurückgezogen, wenn einer von uns eine zündende Songidee hatte, Johnny schnappte sich dann seine Gitarre und rockte los. Ich steuerte die Lyrics für den Song bei und schlug die Gesangsmelodien vor. Das klappte in der Regel ziemlich gut. Wir beide hatten ein gutes Gespür dafür, wenn der andere mal seine Ruhe brauchte und der Vorhang als Sichtschutz vorgezogen bleiben sollte.

Unsere Wohnung lag über der Methadonausgabestelle, im Zentrum des Orkans, der jeden Abend aufs Neue entfacht wurde, wenn die Prostituierten der Davidstraße ihre Arbeit begannen und die roten Laternen in die über St. Pauli hereinbrechende Nacht strahlten.

Aus unserer Wohnung konnten wir direkt in Hamburgs berühmteste Straße, die Herbertstraße, sehen. Ich habe Stunden auf unserer Fensterbank verbracht und auf das Treiben unter mir geschaut. Viele bunte Szenen gab es da: Dominas, die ihre Freier an Hundeleinen Gassi führten oder ihnen hingebungsvoll den Arsch versohlten, die Heilsarmee auf Tour in ihren Uniformen, aber auch unschöne Schlägereien befeuert durch den steigenden Alkoholpegel der Feierwütigen. Je später die Nacht wurde, desto häufiger kam es zu Gewalteruptionen dieser Art.

Mit der Morgendämmerung wurde es meist etwas stiller, dann übernahmen wieder die Tauben mit ihrem monotonen Gurren den Stadtteil. Ab und zu, wie auch an diesem Morgen, hörte man die ekstatischen Laute eines Freiers, der in einem Hinterhof die späten Dienste einer Prostituierten in Anspruch nahm. Monotones fünfminütiges Grunzen und der traurige, betrunkene Ausruf:

„Wer ist der Beste? Wer ist der Beste?"

Immer wieder die Antwort: Du! Du! Du!

Dann ein gespielter und ein echter Orgasmus.

Danach Stille.

Ich lag wach mit geschlossenen Augen und lauschte in die Dunkelheit. Bis ich irgendwann eindöste.

Ich weiß nicht mehr, wie lange ich geschlafen habe. Fünf Minuten oder drei Stunden. Ich schreckte auf einmal hoch. Aufgeweckt von einem ungewöhnlichen Geräusch.

Es war das stetige Hecheln eines Hundes.

Als ich verwundert die Augen öffnete, saß er da. Genau dort, wo sonst das alte, verbrannte Loch im Dielenboden zu finden war: ein schwarzer Hund.

Lange Zeit schauten der Hund und ich uns in die Augen. Dann griff er an. Sprang mir an die Kehle. Drückte mich in die Matratze. Ich konnte mich nicht mehr bewegen. Als ich es wagte, die Augen zu öffnen, saß er direkt vor mir, starrte mich an – bis er auf einmal langsam vor meinen Augen zerschmolz, wie schwarzer Schnee in der Sonne.

Durch die Poren meines Körpers drang eine dunkle Flüssigkeit in mich ein, die langsam in mein Herz sickerte. Tropfen für Tropfen. So lange bis alles kalt und dumpf wurde. Absolute Taubheit. In mir. Um mich. Kein Gesang des Lebens. Nur das weiße Rauschen des Windes.

War früher noch das Gefühl vorherrschend gewesen, dass da irgendwo eine ausgleichende Kraft war, die am Ende dafür sorgen würde, dass jeder bekommen würde, was er verdiente, schien die Schallplatte des Lebens einen Kratzer bekommen zu haben. Sie hakte an einer empfindlichen Stelle, sodass die Nadel immer wieder an derselben Stelle einsetzte und ihren hoffnungslosen Kehrvers wie ein Mantra in den Hamburger Sternenhimmel schmetterte:

Die Welt schuldet dir nichts. Die Welt schuldet dir nichts. Die Welt schuldet dir nichts.

Die neueste Erkenntnis meiner damals frischen 30er-Jahre.

Mit 23 hatte ich das Gefühl, die Welt verstanden zu haben in all ihrer Tiefe, Komplexität und Vielschichtigkeit.

Mit 30 bemerkte ich: Ich lag verdammt falsch.

Wer sich anstrengt, tapfer und fleißig ist, der wird belohnt werden. Gott ist mit den Sanftmütigen ... Bullshit. So funktioniert die Welt einfach nicht.

Ich weiß nicht, ob es damals an meinem frisch versiebten theologischen Examen lag, an der bröckelnden Beziehung zu einer Frau, mit der ich zehn Jahre durch dick und dünn gegangen war, dem Wahnsinn des Lebens, der an jeder Straßenecke lauerte, dem Weltschmerz oder einer Mischung aus allem.

Nun war es auch bei mir so weit: Der schwarze Hund war mir erschienen, wie so vielen meiner Freunde zuvor.

All den Herzensmenschen, die ich über die Jahre in den psychiatrischen Anstalten dieses Landes besucht hatte, mit ihren aufgequollenen Zungen und geritzten Armen, betäubt von Tavor, Clozapin, Zyprexa.

All den Aufrechten, die mir auf den Fußböden der geschlossenen Anstalt auf allen vieren entgegengekrochen kamen, überdosiert bis in die Haarspitzen, nachdem sie die Wände ihres Zimmers mit Hilferufen an diejenigen bemalt hatten, die ihnen nicht helfen konnten.

Wie oft war ich mit dem elenden Gefühl der Hilflosigkeit nach Hause gefahren oder hatte mir die Knie wund gebetet in der Hoffnung, dass die Engel vom Himmel herabsteigen würden, um die zu retten, die zu sensibel, zu zärtlich, zu liebevoll für diese Welt waren.

All diejenigen hatte der schwarze Hund zuerst geholt.

Nun hatte er mich gebissen.

Was blieb, waren innere Kälte und die schaurige Erkenntnis: Die Welt schuldet dir nichts.

In diesem Moment war das Maximum der Verlorenheit erreicht. Hätte ich damals nicht noch als letzten Ausweg eine Notfallnummer gerufen, ich weiß nicht, was passiert wäre.

Viele Jahre später sollte ich für mich verstehen, dass die Erkenntnis „Die Welt schuldet dir nichts“ auch eine

Erlösung in sich trug und der schwarze Hund nicht nur Monster, sondern auch Befreier sein wollte.

Heute weiß ich, dass der schwarze Hund immer Teil meines Lebens sein wird.

Das heißt aber nicht, dass dieses verrückte Leben nicht auch trotz der Dunkelheit wunderschön sein kann. Es gibt Mittel und Wege, den schwarzen Hund zu zähmen. Eine große Rolle spielt dabei die große ozeanische Liebe.

Damals aber wusste ich davon noch nichts. Ich ließ ich mich in die Finsternis fallen und verzweifelte.

Ich starrte auf die verwaschene Wand des Innenhofs und sann darüber nach, wie zur Hölle ich an diesen Punkt in meinem Leben geraten war.

BASS
FACH
HANDEL
LOKUM

TÜBINGEN – HIER KOTZTE GOETHE

Ich bin damals sehr unwissend in dieses Studium gegangen. Gott sei Dank, sonst hätte ich es gar nicht erst angefangen.

Ich hatte einen Traum, der mich packte, herumwirbelte und nach Tübingen an die Universität schwemmte. Das beschauliche Städtchen am Neckar, in dem bis heute die Zeit stehengeblieben zu sein scheint.

Ich bekam sogar ein Stipendium, an der geistigen Kaderschmiede, dem Evangelischen Stift, und dennoch, ich fühlte mich von Anfang an wie ein Fremdkörper.

An der Universität schwebten die meisten Professoren an den unwürdigen Studenten vorbei. Sie rieten mir in Beratungsgesprächen, neben Altgriechisch und Hebräisch doch bitte auch noch Aramäisch und Keilschrift zu erlernen – wie sie es damals in meinem Alter getan hatten.

Sie hielten theoretische Vorlesungen über Praktische Theologie und teilten gegen Ende des Semesters Feedbackbögen aus mit der Ansage: *„Schreiben Sie, was Sie wollen, ich lese es sowieso nicht."*

Es war alles ziemlich zum Kotzen und so ganz anders, als ich es mir gewünscht hatte. Anfangs schüchterte mich das ganze elitäre Gehabe noch ein. Dann wurde ich wütend.

Ich bin sehr traurig darüber, dass es eine intellektuelle Elite geschafft hat, sich selbst über Jahrzehnte so auszuleben, dass heutzutage kaum jemand mehr Lust hat, ihren Ausführungen zu folgen.

Wo waren die Dozenten, die sich am Leben von Menschen orientierten? Die selbst gelebt hatten und sich mit ihrem Licht und Schatten zeigten und bereit waren, selbst zu lernen. Lehrer, die eine neue, spirituelle Revolution einläuteten, und die die Herzen junger Menschen entflammten, indem sie ihren Blick weiteten. Indem sie sich öffneten für die verschiedensten Formen und Möglichkeiten, Gott in dieser Welt zu suchen und zu finden. All das war nur im Dialog möglich. Nur war Dialog mit den Lehrenden in dem Uni-System nicht möglich.

Relativ schnell wurde mir klar, dass ich mit dem universitären Studienangebot nicht die Erfahrungen machen würde, die für mich und mein spirituelles Wachstum notwendig waren.

Ich wollte lernen, mit aller Kraft zu lieben, ich wollte goldene Unendlichkeit trinken und zur Melodie der Ewigkeit tanzen. Ich wollte brennen und mich der großen Expedition Richtung Ewigkeit anschließen.

Stattdessen lernte ich einiges über das hebräische *Schwa quiescens* und *Schwa mobile*, trank außer goldener Unendlichkeit bittere Prüfungsangst, verteilt von Dozenten, die uns für die Prüfungen schliffen. Manch einer folgte entmutigt den Sprüchen der Schleifer und packte seine Sachen. Ein weiterer leerer Stuhl im Seminar.

„Wieder einer weniger. Denken Sie daran, vielleicht wäre ein Handwerk doch besser für manche hier im Raum."

Eines Tages, als ich mich wieder zu einer Altgriechisch-Vorlesung durch den alten botanischen Garten Richtung Theologicum schleppte, wurde mir klar, dass ich meinen eigenen Studienplan entwickeln musste, um nicht wahnsinnig zu werden. Ich blieb unvermittelt stehen und fasste einen Entschluss:

Das Leben selbst sollte mein spiritueller Lehrmeister werden, und ich betete zu Gott, dass er mich dorthin führen sollte, wo sich am Ende alles richtig anfühlen würde.

An die Orte, an denen mein Herz begeistert brennen würde.

„Gang zur Saide, du Seggel, des isch'en Radweg!", keifte ein mit dem Fahrrad heranrasender Student, auch er war unterwegs zu der Altgriechisch-Vorlesung.

ZEIT ZU HANDELN

Am Schwarzen Brett in der Mensa wurden Sportgruppenleiter für die Tübinger Untersuchungshaft gesucht. Vielleicht war das eine Möglichkeit, etwas Sinnvolles zu tun. Menschen zu helfen und selbst zu lernen, ging es nicht darum im Studium? Mussten nicht allen Worten auch automatisch Taten folgen?

Ich begann, regelmäßig eine Volleyballgruppe anzuleiten, die sich im Innenhof der JVA zum gemeinsamen Spiel traf. Eine Stunde Sport. Eine Stunde den Kopf ausschalten. Das klappte bei den Gefangenen nicht immer. Das Strafmaß stand bei vielen oft noch nicht fest und ihre Prozesse liefen über lange Zeiträume. Die Stimmung war deswegen oft angespannt und der Druck auf die inhaftierten Menschen enorm.

Der Innenhof war nicht viel größer als das Volleyballfeld. Ein großer Schacht, umgeben von hohen Mauern. Wenn der Ball zu energisch in den durch die Mauern zu einem Viereck geformten Himmel gedroschen wurde, verfing er sich auf dem Rückweg manchmal in den auf den Spitzen der Mauern angebrachten Stacheldrahtrollen.

Dann schrumpfte er zischend und unter den saftigen Flüchen der Spieler zu einem Häuflein Elend zusammen und flatschte auf den harten Betonboden des Hofes zurück. Dennoch half der Sport etwas, um aus der starren und angespannten Situation kurzzeitig auszubrechen. Bei besonders schönen Ballwechseln wich für einen Moment die Anspannung aus den Gesichtern. *„Ahhhh, geiler Schuss ...“* – Wenn es auch nur für Sekunden war.

Ich erinnere mich an einen Gefangenen, zwei Meter groß und 120 Kilo Muskelmasse, der seine innere Anspannung abbaute, indem er den großen Metallspind seiner Zelle zum Bankdrücken nutzte. Selten habe ich solche Kraft gesehen. Auf seinen Unterarm hatte er die Worte *„Only God can judge me“* tätowiert. An manchen Tagen schaffte er es, sich selbst über das intensive Training in einen meditativen Zustand vollkommener Ruhe zu bringen. Während um ihn herum alles nervös und angespannt war, bewegte er sich ruhig und gelassen zwischen all den aufgeschreckten Seelen. Er wirkte auf mich wie ein Stoiker, der es geschafft hatte, in die absolute Seelenruhe hinabzutauchen.

Ich begann, nur noch die Pflichtvorlesungen an der Universität zu besuchen und meine Arbeit in der Untersuchungshaft auszuweiten. Gründete gemeinsam mit einem guten Freund und weiteren Herzensmenschen einen Verein, über den wir ein Musikprojekt an der JVA im nahegelegenen Rottenburg anboten. Ein lokaler Hip-Hop-Produzent und DJ versorgte uns mit Beats. Wir hingen an den Schwarzen Brettern der Zellentrakte Plakate auf. Schnell bildete sich eine Gruppe Musiker, die auf die mitgebrachten Beats ihre Texte schrieben und im Proberaum der JVA performten.

„Was ich auch tu, ich verbrenne mir die Hand,
liegt das nur an mir oder auch an diesem Land?“

Je mehr Texte entstanden, je mehr Geschichten ihren Weg durch die Mikrofone fanden und durch die Gitterstäbe der Zellentrakte wehten, desto deutlicher wurde mir bewusst, dass die Lebensumstände, in die wir geboren werden, und die Teufelskreise, in die wir dabei geraten können, nicht leicht zu durchbrechen sind. Besonders dann nicht, wenn man arm ist.

„Arbeitslosigkeit, Hartz IV und dieser ganze Scheiß,
Sklave für ein Euro, das ist nicht mein Preis.“

Ich konnte die dunklen Gefühle mancher Gefangener nachvollziehen. Sie waren in diesem elenden Kreislauf gefangen, der auch mit ihrer Entlassung nicht unterbrochen werden konnte. Einer der Gefangenen erzählte mir, wie unmöglich es für ihn nach seiner ersten Entlassung gewesen war, als junger Erwachsener wieder in die Welt zurückzukehren. Die Chance, auf dem sogenannten ersten Arbeitsmarkt unterzukommen, war für viele gering. So blieb ihnen früher oder später nichts anderes übrig, als wieder auf die schiefe Bahn zu geraten oder als unterbezahlte Hilfskraft auf dem Bau zerschunden zu werden.

Auch wenn sich durch meine Arbeit nichts am System änderte, ich hatte hier das Gefühl, etwas Sinnvolles zu tun. Zumindest während unserer gemeinsamen Proben brachten wir für einen Moment alles zum Wanken und Schwingen.

Imaginäre Mauern stürzten ein. Wütende Kehlen spuckten Feuer. Jede Punchline wurde zu einem Manifest der

Ungehörten, all die Tränen und Depressionen wurden zu Klagepsalmen. An manchen Tagen hoben wir gemeinsam ab in die Unendlichkeit.

„Halte durch, bleib stark, die Zeit vergeht,
dennoch ist es hart,
lieber Gott vergib mir und gib mir Kraft
ohne dich hätt ich's bisher niemals geschafft."

Nach den Proben in der JVA wurde mir immer deutlicher, dass sich etwas Göttliches in der Bewegung und im Klang verbarg. Etwas Befreiendes und Belebendes. Eine Möglichkeit, Angst und Starrheit zu begegnen. Ich wollte diese dynamische Kraft mehr in mein Leben lassen und mich so den Angstgefühlen stellen, die jedes Mal aufstiegen, wenn ich mich der Zugbrücke näherte, die die Altstadt und das ehrwürdige Stift miteinander verband. Es war da immer eine gewisse Anspannung, die sich in mir ausbreitete, die mich starr werden ließ, sobald ich vorbeilief an den Reliefs der großen Denker und Philosophen, die hier hinter den Klostermauern gelebt hatten.

Ich begann selbst Musik zu machen, um den eigenen Druck zu verarbeiten und diesem dynamischen Schwingen zu folgen, in dem so viel Befreiendes lag. Ich stieg als Trompeter bei einer lokalen Hip-Hop-Crew mit Liveband ein.

Die Schlinge um meinen Hals wurde wieder weiter, jedes Mal, wenn ich den chaotischen Proberaum im Tübinger *Sudhaus* besuchte. Hier war ich richtig. Hier sammelte ich die Energie, die ich brauchte, um wieder Kraft für das Studium aufzubringen.

Ich wollte nicht aufhören, Gott zu suchen. Vielleicht würde ich ihn ja doch noch irgendwo finden in den Schriften und Papieren der Bibliothek. Oder in den Seminaren.

„*Ha Hommoseggsualidäd, des isch scho ganz klar a psychische Krankheit*", hörte ich eines Tages einen der Studenten sagen, der am Theologicum vor einem Plakat stand, das das Thema des Studientags „Homosexualität und Kirche" ankündigte.

Ich kannte ihn. Deshalb traf mich seine beschränkte Sichtweise auf die Buntheit des Lebens wie ein Schlag ins Gesicht. Er war einer der besten Studenten unseres Jahrgangs. Ich fragte mich, was in ihm vorging, einem offensichtlich intelligenten Menschen.

Die Zeit verging, die Zwischenprüfung rückte näher und der Wunsch in mir, Tübingen zu verlassen, wurde immer dringlicher.

Ich wollte an einen Ort, an dem ich frei schwingen konnte.

Möglichst weit weg von aller Steifheit und Arroganz.

Die Wände des Evangelischen Stiftes kamen immer näher auf mich zu.

Ich musste fliehen, um nicht unterzugehen, ...

Ich verließ die Klostermauern über die Zugbrücke, fand Trost am Tresen einer verrauchten Kneipe, an dem sich gerade zwei ältere Schwaben in den Haaren lagen: „*Bass uff was de rausschwätsch, sonscht schla i der oins uff d'badderie druff.*"

Kurze Zeit später versöhnten sie sich wieder, konsumierten Arm in Arm mehrere Lagen Obstbrand.

Irgendwann fiel mein Blick auf eine Landkarte, die auf dem Weg zu den Urinalen angebracht war.

Neben der Stadt Hamburg hatte jemand mit Kugelschreiber ein Herz eingezeichnet.

Etwas in mir zuckte und flüsterte.

Kein Eliteprogramm der Welt ist es wert, das Herz zu vernachlässigen.

Geh nach Hamburg.

Die Stadt der Herzen.

Die Engel der Großstadt lockten mit ihren Liedern.

Ein neues Lebenskapitel begann.

„Zeit zu handeln,
bevor das Monster kommt und dich frisst.
Zeit zu handeln,
bevor dein innerer Funke erlischt.
Zeit zu handeln,
bevor du Konturen verlierst,
weil du ausgesaugt wirst,
weil es kalt wird in dir.
Komm steh auf und
stell dich dem Tier.
Weck gegen die Angst
deinen Ritter in dir.
Und dann nutze den Druck,
den du schluckst jeden Tag.
Die Last, die du schleppst, macht
dich stärker als stark.
Wir geh'n aus,
jede Nacht, jeden Tag,
auf der Suche nach Glück.
Wir gehn aus,
wenn wir nicht auf das
hören, was tief in uns liegt."

Song: An/Aus

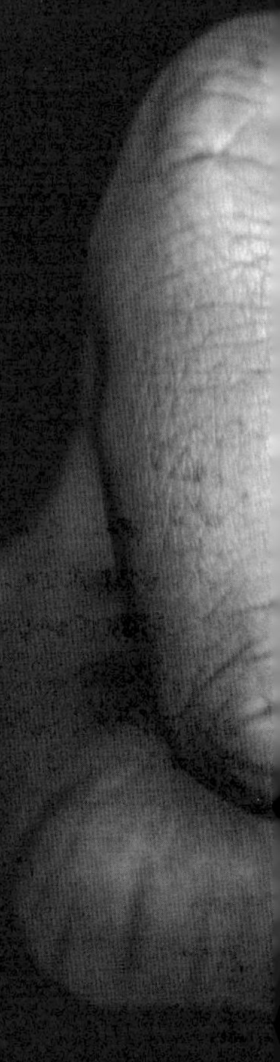

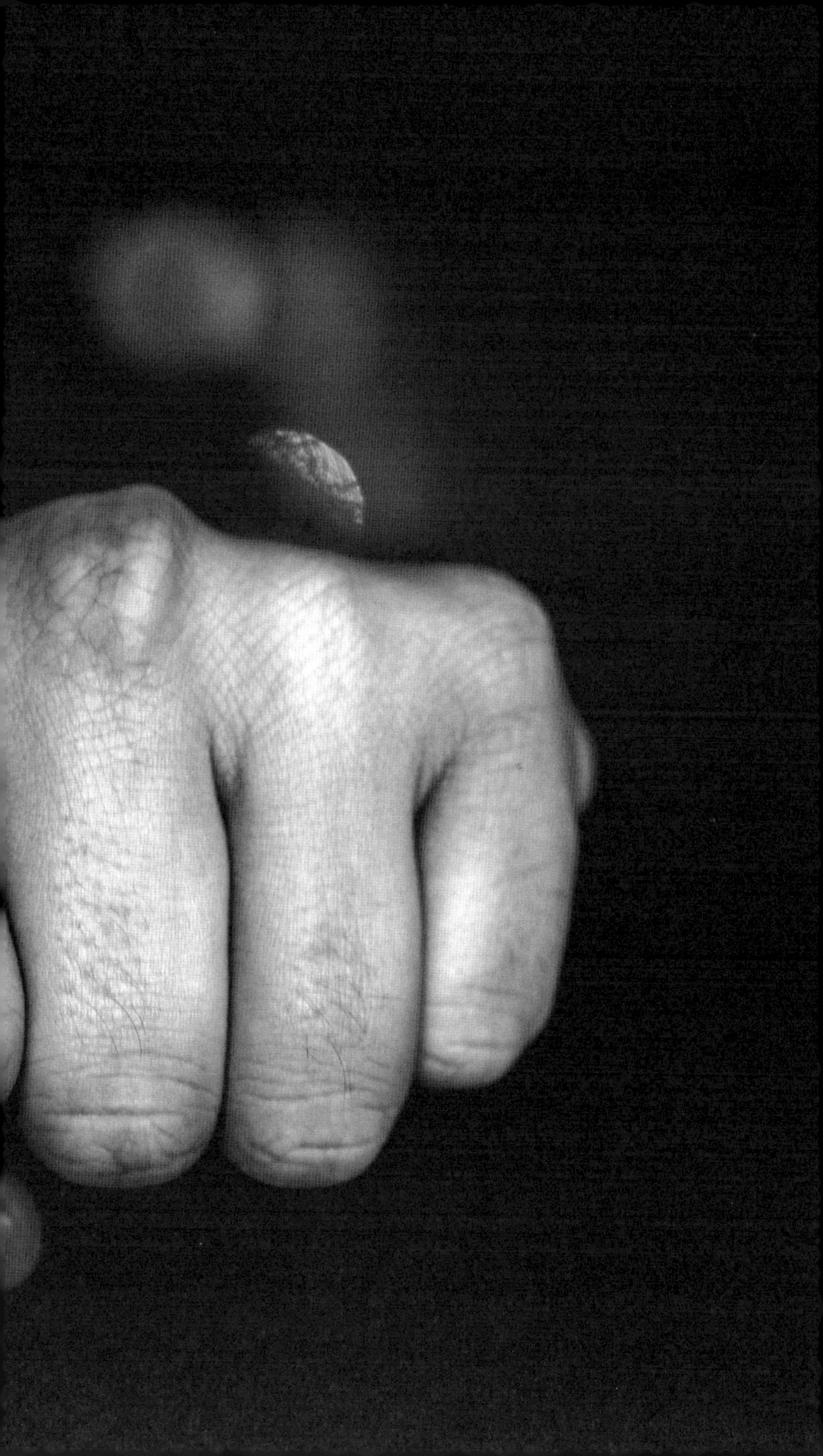

HAMBURG CALLING

„Halleluja, sie kommen!
Wir schweben davon.
Auf den Schwingen
der Nacht.
Von dem Hochhausbalkon.
Engel holen uns ab.
Unter uns glänzt die Stadt.
Flügel schlagen im Takt
über Babylon.
Blaue Lagunen, in den Clubs
pumpt Musik.
Straßen fließen dahin
und der Fluss singt ein Lied.
Über Liebe im Park,
über Trennung und Streit.
Ein lachendes Auge.
Ein Auge, das weint.

Meine erste Wohnung in Hamburg: ein WG-Zimmer direkt am Wohlerspark, zwischen Altona und St. Pauli. Hohe Decken, knarzende, alte Dielenböden, eine geräumige Wohnküche, in der geraucht werden durfte, und ein Balkon Richtung Innenhof. Natural Born Hamburger Mitbewohner, die in der Gastro arbeiteten oder studierten. Genau der richtige Ort, um in Hamburg Fuß zu fassen. Zumindest wenn es mein schlafwandelnder Zimmernachbar zuließ, der ab und zu nachts unsere Schuhe an Orte transportierte, die ihm am nächsten Tag entfallen waren.

Der Wohlerspark, in den ich von dem kleinen Austritt meines Fensters sehen konnte, war auch Hamburgs Meditationspark Nummer 1. Im Sommer standen dort hinter jedem Busch Menschen, die Yoga, Tai-Chi oder Qigong praktizierten oder auf entspannter Basis ein wenig Hasch rauchten.

Jeden Morgen drehte ich dort meine Runden, bevor ich mich auf den Weg Richtung Universität machte. Das Theologicum war in einem verwaschenen Betonbunker in der Sedanstraße angesiedelt. Dort studierte ich dem Abend entgegen. Denn am Abend erwachten die Lichter.

Magisch und verlockend leuchteten sie und zogen mich an. Die großen und kleinen Neonlicht-Kathedralen der Stadt: *Hafenklang, Molotow, die Astra Stube oder die Cobra Bar* – so viele Orte, an denen jeden Abend Menschen zusammenkamen auf der Suche nach dem großen oder kleinen Glück, nach Rausch, nach Liebe, ... Menschen, die sich bewegen wollten zu dem pulsierenden, göttlichen Rhythmus der Großstadt.

Ich war 23 Jahre alt. Es war mein erster Sommer in Hamburg. Jedes Mal, wenn ich abends aus meiner Haustüre trat und die Thadenstraße Richtung *Grüner Jäger* lief, vorbei an der magischen Ecke, an der sich Schanze und Kiez küssen, umschloss mich liebevoll das Stimmengewirr der Feierwütigen. Ich hatte das Gefühl, zu Hause zu sein. Hier wollte ich bleiben.

Diese Stadt sollte mein Lehrmeister werden auf meiner Suche nach den heiligen Gottesmomenten, für die es sich zu leben lohnte. *„Hamburg Babylon, was hast du zu bieten?“*

Ich war bereit, in ihr mystisches Funkeln einzutauchen, ich wollte ein kleiner Mosaikstein sein und Teil des sich ewig verändernden Gesamtbildes werden, dem niemals schlafenden Hafen Respekt zollen, ihn in Liedern besingen und mich von den wahren Seelsorgern der Stadt, den Clubbetreibern und Barkeepern, unterrichten lassen. Ich wollte mutig sein und meinen Platz im Universum oder zumindest in der Welt finden. Ich wollte spirituell wachsen, wollte tanzen zu der göttlichen Musik, die durch jede Ritze der Stadt drang.

Hamburg öffnete seine Arme, und ich warf mich hinein, mit allem, was ich hatte.

Bereits in Tübingen hatte ich gespürt, dass Musik für mich ein Schlüssel sein könnte, mehr von Gott zu verstehen. Tiefer zu dem göttlichen Kern vorzudringen, der mit Worten nicht mehr beschrieben werden konnte. Ein Satz des Theologen Friedrich Schleiermacher war tief in mir hängengeblieben: *„Musik kommt dem Göttlichen am nächsten"* – damit konnte ich etwas anfangen.

Für mich hatte Musik schon immer die Kraft, an Orte vorzudringen, an denen Worte auf der Strecke blieben. Schmerz mit einem Trompetenton auszudrücken, Freude oder Liebe herauszuposaunen, Wut, Ärger, all das gelingt durch Musik. Schwingungen, die alles durchdringen und uns helfen zu verstehen, was gerade in uns los ist.

Ich begann, wie besessen Musik zu machen und mich mit der Hamburger Musikszene zu verbinden. Spielte in verschiedenen Bands, war mehr in Proberäumen als in meinem kleinen WG-Zimmer.

Außerdem begab ich mich umgehend auf Jobsuche.

Mir wurde bewusst, ich würde mein Stipendium zurückgeben und nie wieder nach Tübingen zurückkehren.

In Hamburg lagen die große Freiheit und die Chance auf menschliches und spirituelles Wachstum.

Song: Kinder der Nacht

HEAVEN IS A HALFPIPE

Ich fand Arbeit in einer Skatehalle. Das Besondere dort war das Team. Herzensmenschen, mit denen die Arbeit Spaß machte. Wir schmissen den Tresen, verkauften Kratzeis an Jugendliche, zogen Griptape auf Skate-Decks und hingen nach Ladenschluss zusammen im Skatebowl ab. Wir versuchten, selbst zu skaten, waren die letzten Amateure auf Erden, organisierten kleine Konzerte auf einer der Halfpipes und gründeten unsere halleninterne Skatecrew „Team Bonzenschelle“.

Besonders Spaß machten die Skatecontests. Regelmäßig rastete die Halle aus, wenn die alten Hamburger

Skateboard-Legenden an den Start gingen. Meterhohe Sprünge von der haushohen Halfpipe in den Skatebowl, funkensprühende Grinds, glühende Rails, während die bejubelten Ikonen in innerer Gelassenheit über die verschiedenen Ramps und Obstacles flogen. Sie verschmolzen mit den Skateboards, riskierten alles für den perfekten Moment, all die Stunden der Leidenschaft, jahrelanges Skaten, ich war wie paralysiert.

Nach dem Contest erzählten sie, während sie ganz nebenbei sämtliches Bier aus dem Lagerbestand vernichteten, von den wilden 90er-Jahren. Einige waren auf den Covern der damals angesagten Skatemagazine abgebildet, Klamotten-Sponsoring und After-Show-Partys inklusive. Sie hatten als Skatecrew ganz Europa bereist. In ihren jungen

Jahren waren sie eine große, tourende Familie gewesen, die irgendwann zerfiel, als das Team auseinanderbrach und Skateboarden an Hype verlor. Einige von ihnen hatten danach den Absprung in andere Jobs geschafft, andere waren abgestürzt.

Einige Zeit später traf ich eine dieser alten Legenden wieder. Er bat mich um etwas Kleingeld und erzählte mir, dass er momentan in einem Parkhaus übernachtete. Ein paar Jahre danach kreuzten sich unsere Wege erneut, er war inzwischen stolzer Vater mit eigener Familie. Hatte den Kickturn zurück ins Leben geschafft. Maximum Respekt!

Die Skatehalle war für viele Jugendliche ein zweites Zuhause. Sie waren jeden Tag da. Nicht immer war bei ihnen zu Hause alles in Ordnung. Hier in der Skatehalle war ihr persönliches Paradies, in dem sie sich voll und ganz zu Hause fühlen konnten.

Situationen, in denen über einen gewissen Zeitraum ein Hallenverbot verhängt werden musste, weil Drogen auf der Tribüne konsumiert oder Spinde geknackt worden waren, hatten daher eine große Sprengkraft.

Immer wieder, obwohl es ihr zweites Zuhause war, gab es Vorkommnisse, die hässlich eskalierten. Es wurde gestohlen und gab Schlägereien.

Einmal, nachdem einer der Skater ein Hallenverbot kassiert hatte, schlich er sich an uns vorbei in die Jungstoilette und schiss zornig in den dortigen Seifenspender.

Er wollte sich an uns allen rächen. Wir hatten ihn aus seinem Paradies vertrieben.

Ich frage mich bis heute, wie er auf diese Form der Rache gekommen war.

Vermutlich reagiert jeder anders, wenn ihm der Eintritt ins Paradies verwehrt wird. Aber ob dem heiligen Petrus jemals in den Seifenspender der heiligen Himmelstoilette geschissen wurde?

I doubt it.

Woran ich allerdings niemals zweifeln werde, ist die *Wilde Sehnsucht* dieser Skater, nach ihren persönlichen Gottesmomenten zu suchen.

Sie jagten ihnen über Monsterramps und Rails nach, in unserer Halle oder auch im Dschungel der Großstadt.

Jede Statue, jede Treppe, jede Parkbank, jeder Tunnel. In jedem Obstacle, das sie in voller Fahrt überwanden, sahen sie die Chance, einmal den Himmel zu küssen. Ihre Expedition war heilig und so war auch klar, dass ich ihnen nicht im Weg stehen wollte auf ihrer Suche.

Skaten war ihre Religion. Jeder gelungene Trick ein Halleluja. Jeder Sturz eine Aufforderung aufzustehen und neu zu starten. Sie hatten ihren Weg zu Gott gefunden.

Auf Tour gehen und den Horizont erweitern, Gottesmomenten nachjagen, das wollte ich auch.

Aber nicht mit einer Skatecrew, sondern mit einer Band. Das war mein persönlicher Traum.

Ich wollte eins werden mit dieser göttlichen und lebendigen Musik. Immer tiefer erfahren, welche Geheimnisse in ihr schwangen.

Ich hatte diese *Wilde Sehnsucht* in Tübingen gespürt.

Aber jedes Mal, wenn ich meine Augen schloss und meinen inneren Zeitstrahl Richtung Lebensanfang verfolgte, wurde mir bewusst, dass dieses Gefühl bereits deutlich älter war.

Ich hatte es gespürt, als ich als Fünfjähriger die ersten *Elvis-* und *Beatles*-Schallplatten im Wohnzimmer meiner Eltern gehört hatte oder als ich die erste *Nirvana*-Kassette in meinen Walkman schob. Auch bei der ersten Schülerdisco zu den Tracks von *Bob Marley* und *Tupac* in Kombination mit dem Geschmack billiger Sangrias auf der blaugefärbten Zunge.

Es war da, als ich als pickeliger Pubertand die erste *Slime*-CD in einem pinkfarbenen Ford Fiesta gehört hatte. Oder als ich zu dem brachialen Sound der Band *Sepultura*, die ersten Gewichte in einem staubigen Trainingsraum meiner Schule stemmte.

Sie begleitete mich bereits mein ganzes Leben.

Göttliche, heilende Musik, die half, meine Wut zu kanalisieren, die ich in mir trug. Sie hatte die Kraft, die Angst wegzublasen, von einem Moment auf den anderen. Und war mein Vehikel, das Leben in aller Tiefe zu durchdringen.

Damals wusste ich noch nicht, dass mein Traum und intensiver Wunsch, selbst einmal als Musiker auf Tour zu gehen, erfüllt werden sollte.

Eines Tages, es war während einer Schicht am Tresen, fragte mich ein Kollege, ob ich seinem Mitbewohner beim Umzug helfen könnte. *„Den musste kennenlernen, der liebt Musik, genau wie du."*

Ich half beim Umzug. Wir lernten uns kennen. Ich spielte ein paar Töne auf einer schimmeligen Trompete, die in seinem kleinen Proberaum stand.

„Du kommst ja ziemlich hoch mit den Tönen", sagte er.

„Jo", sagte ich.

„Hast du Bock, mich vielleicht mal ab und zu zu vertreten, wenn ich nicht auf Tour kann?"

„Jo", sagte ich.

Ein paar Wochen später saß ich in einem Tourbus. Ich war glücklich, obwohl mir mulmig war und ich die Songs eigentlich kaum kannte. Es ging um Punkrock, es ging um Konzerte spielen und auf Tour gehen. Das Ziehen im Bauch war unendlich groß.

Mein erstes Konzert spielte ich in der *Pumpe* in Kiel. Fünfhundert Punks, die vor der Bühne eskalierten. Ich spielte alles in der falschen Tonlage und versuchte, meine Unsicherheit in den Songs durch ausgeprägte Stagedives zu überdecken.

Der Plan ging auf.

In Kiel traf ich zum ersten Mal auf Johnny Mocanelli. Lebende Punkrocklegende. Sänger unserer Band. „*Hähähä ordentlich verspielt und zur Ablenkung einen Stagedive gezogen? Sehr gut, so muss das.*“

Ich glaube, er war zunächst ziemlich skeptisch mir gegenüber, aber irgendwo ganz tief in meinem Herzen machte es klick. Unsere Schicksalsfäden verbanden sich. Er nahm mich mit auf meine erste Tour durch die Republik und Österreich. Tausende Kilometer und Aberhunderte Konzerte später kann ich sagen, dass er über die Jahre für mich zu einem Bruder wurde. Eine der wichtigsten Personen meines Lebens.

Das Leben nahm endlich Fahrt auf.

Wohin, wusste ich nicht genau.

Aber ich stieg in den Tourbus, und der rollte los.

Ich würde mein Paradies finden.

Irgendwo da draußen musste es doch sein.

GEISTERFAHRER

„Fliegen über Autobahnen, suchen nach der Ewigkeit
Lichter blenden, Navis schreien ‚Bitte wenden!'
Auspuffkrematorien brennen ihre Zweifel nieder,
Angepasstes steht in Flammen – immer wieder.
Gaspedale pumpen schwarzes Blut durch ihre Adern,
abgewrackte Heilige im Einklang mit der Straße.

Inhalieren in Ekstase Zigaretten zu dem Sound der Stadt,
werden leichter, heben ab,
brüllen ihre Freude in den Fahrtwind dieser Nacht,
das alte Leben abgelegt, neue Augen, neuer Glanz.
Lieber auf der Suche sterben als ein Leben voller Angst.
Auf dem Stahlross ins Paradies.
Auf dem Stahlross ins Paradies."

Song: Geisterfahrer

Kennst du das Gefühl, im Leben einmal falsch abgebogen zu sein? Einfach so, neben der Spur zu sein, mitten in den Gegenverkehr hinein? Große Lichtkegel rasen auf dich zu, weichen in letzter Sekunde aus und du hörst den schnell vorbeiziehenden Ton einer panischen Hupe.

Du siehst die roten Rückleuchten im Rückspiegel kleiner werden, fährst weiter, in der wilden Hoffnung auf eine rettende Ausfahrt. Eine Ausfahrt, die dich wieder in den natürlichen Fluss der Straße eintauchen lässt. Eine Ausfahrt, die dich wieder auf Spur bringt auf deiner Fahrt Richtung Paradies.

Jenseits des Garten Edens stand ich in einer lauen Septembersommernacht auf einem Rastplatz irgendwo an der A7 und urinierte gedankenverloren gegen die metallene Leitplanke des Rasthofparkplatzes. Einige Jahre waren vergangen, seit ich das erste Mal in den magischen Tourbus gestiegen war.

Ich liebte es normalerweise, mit meiner Band auf Tour zu sein. Die langen Fahrten, das schlechte Essen und wenig Schlaf – alles kein Problem, solange wir die Chance bekamen, gemeinsam in unserer Musik zu verschwinden.

Aber diese Tour war irgendwie anders.

Meine Beziehung lag in Scherben, mein Studium, durch das ich mich mehr schlecht als recht gequält hatte, war gegen die Wand gefahren. Selbst mein Glaube hatte sich irgendwo auf unserer Strecke zwischen Würzburg und Stuttgart verabschiedet, es war an einem dieser blinkenden Kuscheltiergrapschautomaten, in den ich mein letztes Kleingeld versenkt hatte. Der flauschige, rosa Hund mit den Glitzeraugen glitt durch die viel zu leicht eingestellten Arme des Metallgreifers, stürzte ab und verschwand im bunten Meer der anderen Preise.

Danach war alles stumpf.

Kein freudiges Ziehen im Herzen, keine klingenden Botschaften im Wind.

Nichts.

Lediglich der tröstend süße Duft von Tabak und Hasch, der aus unserem Tourbus über die am Rastplatz angrenzenden Felder zog, gaben mir das Gefühl, nicht ganz verloren zu sein.

Billy Bragg sang durch die Lautsprecher:

„I saw two shooting stars last night,
I wished on them but they were only satellites,
It's wrong to wish on space hardware I wish,
I wish, I wish you'd care …"

Wo war ich falsch abgebogen? Oder besser gefragt, warum war ich nicht schon früher ausgeschert?

Neben den geschenkten Gottesmomenten gibt es doch eigentlich noch dieses sehnsuchtsvolle Bauchgefühl in uns. Ein innerer Kompass, unser Sonar, ein Gefühlsinstrument, das immer dann anfängt zu vibrieren, wenn wir auf dem für uns richtigen Weg unterwegs sind. Das sich auch dann meldet, wenn wir abkommen von unserer Reise Richtung

Paradies, weil es in dem Moment anspringt, wenn uns das Leben wieder die nächste Chance anbietet, in Einklang mit uns zu kommen und zu schwingen.

Alles ist Klang. Die Welt ist Klang. Aber ich war damals nicht bereit zuzuhören.

Ich versuchte meine Unsicherheit durch überhöhte Geschwindigkeit auszugleichen, ignorierte das eigene Navigationssystem und rauschte stumpf durch die Nacht. Ein Drifter im Nebel auf der Flucht vor sich selbst. Nicht bereit zu wachsen.

„Alles einsteigen, nächste Station Vienna", rief 6Pac, Tourbusfahrer, Tourmanager und Seele von Mensch, der uns auf unserer Chaostour durch die Republik begleitete. Und ich ließ mich fallen in den vertrauten Stahlkäfig, in der Hoffnung, irgendwann vielleicht wieder dieses sehnsuchtsvolle Ziehen zu spüren, das mich im besten Fall zu einem Gottesmoment führte.

Die Tür des Tourbusses schloss sich.

Vienna Calling.

ENTLANG DER WEISSEN LINIE

„Sind die Stimmen der Freunde
wirklich Stimmen der Freude zum Glück?
Oder flüstern Dämonen,
die dich fortlocken wollen
von dem, was du eigentlich bist?
Die dich wegzerren wollen vom Licht."

Song: Kill den Spiegel

„Hahaha, Vienna Calling. Immer, wenn ich nach Wien komme, hab ich da so ein kleines Ritual." Mit einem knisternden Lachen auf den Lippen und manisch funkelnden Augen warf sich Johnny Mocanelli aus unserem Tourbus in die Arme einer milden Wiener Sommernacht.

Ich sah ihm durch die getönten Scheiben des Seitenfensters nach, wie sein drahtig, vor Vorfreude bebender Körper mit der anbrechenden Dunkelheit verschmolz. In der Regel bedeutete es Ärger, wenn Johnny „Hahaha" machte, aber ich verdrängte den Gedanken schnell. Zu groß war mein innerer Drang, der Enge und dem süßlichen Eau de Toilette des Tourbusses zu entkommen, dieser Mischung aus Testosteron, einer Brise Arsch, Marihuana und verschüttetem Bier.

Jede Band, die mehr als eine Woche auf Tour war, riecht so. Punkt.

Es ist zumindest ein ehrlicher Duft. Man weiß gleich, woran man ist. Nicht so ein Duft, der versucht, vom eigentlichen Gestank des ungewaschenen Leibes abzulenken. Ein Duft, der verdeutlicht, worum es eigentlich wirklich im Leben geht: die Suche nach Unendlichkeit und Rausch. Dafür machten wir das alles. Zumindest bildete ich mir das ein.

Diese kurzen Momente, in denen wir in die Unendlichkeit gehoben werden. Deshalb lachte Johnny Mocanelli sein Reibeisenlachen. Und der Tourbus-Duft erinnert uns daran, dass wir irgendwann mal da gewesen sind, und wenn es nur für eine Sekunde war. Genau da will jeder Musiker immer wieder hin. Zu den Sternen, Baby.

Wir checkten ein ins Hotel. Dieses Mal hatten wir Glück. Es war nämlich ein richtiges Hotel. Es gab dort einen Aufzug aus Holz mit schmiedeeisernem Gitter und Ledersesseln in der Empfangshalle. Überall lagen diese schweren Teppiche, die alles so herrlich leise werden ließen, jeden Schritt und jedes Gespräch dämpften. Die Betten auf den Zimmern waren frisch bezogen, es gab Tische mit Marmorplatten, die schon von so manchem Tourmusiker, der in dem Hotel untergekommen war, als Sprungschanze für einen Trip zu den Sternen genutzt worden war. Feinster Wiener Schnee.

Es gab eine ansehnliche Minibar mit Eis, Jacky und Cola und allerhand Snacks. Bis zum Auftritt waren noch einige Stunden Zeit, und ich entschloss mich dazu, mir meine Gefühlsstumpfheit nicht anmerken zu lassen. Nickte, lachte, funktionierte. Und versuchte, denen nicht im Weg zu stehen, die mit glänzenden Augen bereit waren, unersättlich jede Sekunde aus den Stunden in der Stadt der Ekstase zu genießen.

„Hahaha“, hörte ich Johnny Mocanellis Reibeisenlachen an meiner Zimmertür vorbeifliegen.

Der Tanz konnte beginnen.

Vienna Calling und dann saßen wir schon wieder im Tourbus auf dem Weg zum Club. *„Ich fühle mich richtig gut, fasst schon überirdisch“*, hörte ich einen aus unserer Band aus dem Fenster des Tourbusses brüllen. Dann übergab er sich urplötzlich und ansatzlos über den Vordersitz. Er läutete damit die langanhaltendste und übelste Kotzorgie ein, die die 30-jährige Bandgeschichte je verzeichnen sollte.

Ich weiß nicht mehr genau, wie wir es in den Backstagebereich des Clubs geschafft haben, aber wir waren irgendwann einfach da. Ich weiß aber noch, wie ich mich mit diesem riesenhaften Monitormischer auf der Bühne unterhalten habe:

Mischer: *„Schau, kennst eigentlich den Bushido, weißt, den Rapper?“*

Ich: *„Ist nicht so meine Mucke, aber klar, vom Namen her schon.“*

Mischer: *„Ja, der hot sich vor an paar Togen hingschtellt und hot gsagt, doss em man Monitorsound net basst. Do hob i gsogt: Geh bass auf Buschido, wennd´st jetzt net die Goschen hältst, dann* *schlog I dir dermoßen in'd Fressen, doss der Sound dein klanstes Problem is.*"

Ich bedankte mich für die Geschichte und beschloss, mich auf gar keinen Fall über den Monitorsound zu beschweren.

Im Backstageraum war die Hälfte der Band in eine komaähnliche Salamanderstarre verfallen, die nur dadurch unterbrochen wurde, dass gelegentlich jemand aufstand, um sich zu übergeben. Einmal öffnete sich die Tür und der Veranstalter stand mit einem Klemmbrett in der Hand im Türrahmen. „*In 10 Minuten ist Showtime, denkt ihr ...*" – ihm blieb der Rest des Satzes im Hals stecken, als er in die traurige Runde blickte. Er schloss wortlos die Tür.

Irgendwie schafften wir es aber auf die Bühne.

Einer aus der Band flüsterte: „*Ich glaube, es geht bei mir wieder, ab jetzt wird das ne richtig gute Show.*" Nach der Hälfte des ersten Liedes verließ er wortlos die Bühne, übergab sich unter dem Kopfschütteln des Monitorriesen in einen Plastikmülleimer, am Bühnenrand.

Wir zogen das Konzert durch und bekamen auch unsere Gage, vermutlich waren wir an dem Abend gar nicht mal so schlecht. Dass der Club kurze Zeit später dicht machte, lag nicht an uns.

Den ganzen nächsten Tag, also die ganze Fahrt nach Trier, übergaben sich Teile der Band in kleine Frischhaltebeutel, die an den Raststätten entsorgt wurden. Wenn ich an die beißende Note im Tourbus denke, wird mir heute noch schlecht. Das ist eben das Problem mit dem Abheben, wenn man zu schnell abhebt, ist der Absturz vorprogrammiert. Ein Ikaruseffekt.

„*Das duftet ja interessant*“, sagte die Veranstalterin, die uns in Trier begrüßte.

„*Hahaha*“, machte Johnny Mocanelli.

Auf Tour zu gehen mit einer Band, die man liebt, kann etwas Wunderschönes sein. Es gibt aber auch die Schattenseiten, die Momente, in denen die so oft besungene Freiheit zur Einsamkeit wird.

Wenn du in diesen Momenten des Verlorenseins beschließt, dich in den Äußerlichkeiten der Welt zu verlieren, kann es gut sein, dass der Weg zurück nicht leicht ist. Mittlerweile glaube ich, dass sämtliche Formen von Drogen, egal ob Alkohol oder chemische, nur eine billige Abkürzung auf unserem Weg zu den Sternen sind.

Zu viele Freunde habe ich deswegen schon verloren oder an lebensfeindlichen Orten besuchen müssen – Psychiatrien, Krankenhäuser …

Wahre Schwingungsfähigkeit fühlt sich anders an:
Sie beginnt im Inneren und endet im Miteinander.

Spirituelles Wachstum erreichst du nicht durch den Konsum von Drogen. Du musst dich dem Schatten stellen und nicht zum Schatten werden.

Aber was erwartet uns, wenn wir in unseren inneren Keller hinabsteigen?

TRESENTHESEN

„Es gibt Menschen, die brennen wie Feuer,
und Menschen, die brennen aus.
Leere noch schwelende Hüllen,
Gefühle zerfallen zu Staub,
stumpf und zerbrochen und
dumpf wie in Watte gepackt.

Ihr Herz liegt erbrochen
in dunklen Gossen und schlägt
seinen einsamen Takt.
Ruhelos schleppen sich einsame Schatten
durch die Straßen der Stadt
auf der Suche des inneren Funkens,
der sie damals entzündet hat.

Ein Leben im Schatten,
am Abgrund,
hungrig und innerlich leer,
lasst uns Feuer essen
lasst uns brennen,
mehr, mehr, mehr."

Song: Schattenmensch

Das Studium in Hamburg war leider nicht besser oder schlechter als das in Tübingen. Außer dass die meisten Professoren weniger eingebildet waren, gab es auch hier wenig von dem zu finden, wonach ich suchte. Ich besuchte vor allem die Pflichtvorlesungen und arbeitete, wenn ich keine Schichten im Skateland machte, hinter den Tresen

St. Paulis. Hier lernte ich viele Dinge, die für mich heute in meiner Arbeit als Pastor zentral sind.

Verrauchte Clubs, rotes Licht, treibende Musik und verwinkelte Ecken. Geflüsterte Liebesschwüre, verstohlene Blickkontakte und Körper, die im Rhythmus der Musik verschmelzen. Hinter den Tresen die Engel des Rausches, offene Ohren für betrunkene Beichten, Bewahrer vieler Geheimnisse und Hüter der Feuer der Leidenschaft.

Arbeite ein paar Nächte in den Clubs und Kneipen deiner Stadt und du lernst mehr über das Leben als in staubigen Uniseminaren. Dort unterrichten dich oft Menschen, die sich schon längst aus dieser Art Leben zurückgezogen haben. Dem Leben, das in den Kathedralen der Nacht pulsiert, in denen auch Jesus tanzen würde.

Warum sollst du dir aus Büchern erzählen lassen von Menschen, die gelebt haben, wenn du selbst an diesem pulsierenden Netz vitaler Lebensenergie mitstricken kannst?

Echte Begegnung. Lebendige Resonanz. Nur so verstehst du, dass Predigen immer etwas Wechselseitiges ist.

Lass dir predigen, viele Menschen haben etwas zu sagen. Das muss auch nicht immer am Tresen sein.

Spirituelles Wachstum findet dann statt, wenn du dich von den Lebensgeschichten anderer berühren lässt. Warum solltest du mehr wissen als die anderen? Fünfzig Prozent eines Pastorenjobs besteht aus Zuhören.

Natürlich siehst du auch den Schatten, die Lügner, die Ausgebrannten, die Notgeilen, und ab und zu wirst du vielleicht auch selbst dem schwarzen Hund begegnen, der gerade in Zeiten des abnehmenden Lichts auf dich wartet. Aber alles, was du dort siehst, ist auch als Anteil in dir selbst vorhanden: der eigene Schatten, die eigenen Lügen, die eigene Ausgebranntheit, die eigene Geilheit.

Wenn wir uns bewusst machen, dass wir alle Licht und Schatten in uns tragen, und uns demenentsprechend auf Augenhöhe begegnen würden … Die Welt wäre ein besserer Ort.

Wenn wir es dann noch schaffen würden anzunehmen, dass wir alle mit unserem Licht und unserem Schatten von Gott geliebte Wesen sind … Die Welt wäre ein glücklicherer Ort.

Das ist der tägliche innere Struggle, der uns umtreibt und den ein oder anderen an einen Tresen dieser Republik

treibt. Unsere Suche nach Glück, nach Anerkennung, nach Akzeptanz, nach Befriedigung.

Einen Toast auf Gottes Tresenpersonal – sie sind die Seelsorger, die Engel des Alltags, die jede Nacht bereitstehen für all diejenigen, die auf der Suche sind. Ich durfte von ihnen all die Dinge lernen, die nicht in den Lehrbüchern von Universitäten zu finden sind.

Wie wichtig der richtige Ton und das richtige Auftreten gegenüber besonderen Gästen sind. Niemanden das Gesicht verlieren zu lassen, der sowieso schon am Boden ist, aber auch nicht zu nachgiebig zu sein und sich selbst zum Spielball anderer zu machen.

Es kam immer auf die richtige Mischung an, um im Einklang zu schwingen. Eine Mischung aus Humor, Aggressivität, Bestimmtheit, Nachgiebigkeit und Liebe. Es war wie ein Tanz.

ENGEL DES ALLTAGS

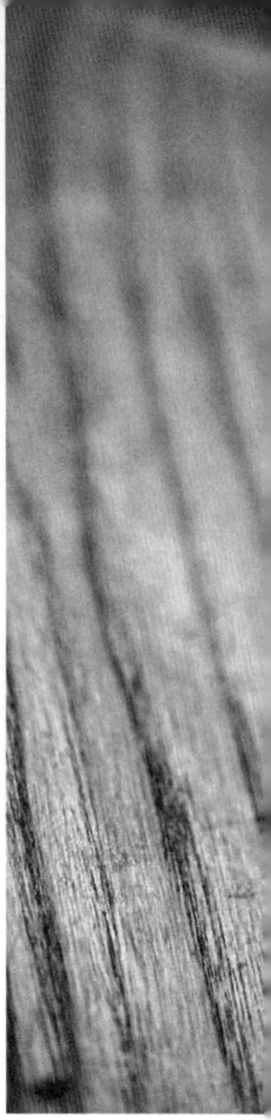

„Susi brät Buletten
an dem Imbiss vor der Tanke.
Alle lieben Susi, sie hat lange auf.
Gab's vom Leben auf die Schnauze,
rennt ein jeder gern zu Susi
und heult sich am blankgeputzten Tresen aus.

Susi, mach mir 'ne Currywurst,
Susi, drei Jever gegen Durst,
Susi, hast du 'ne Zigarette,
bist ein Goldstück Susi,
wenn ich dich nicht hätte.

Wenn der letzte Gast vom Hocker kippt,
gibt sie ihm noch 'ne Stulle mit.
Schließt ab und bringt den großen, blauen Sack
zum Container an der Ecke,
zieht die Imbissschürze aus,
spreizt die Flügel und fliegt heimwärts
in die Nacht."

Song: Susi

Tagsüber hatte ich Schichten in einer Bar, in der ein altes Klavier stand. Jeden Tag kam ein älterer Mann vorbei und bestellte sich Weinschorle. Meistens trug er die gleichen Klamotten, Jeans und Hemd, sie waren schon länger in Gebrauch, aber nie dreckig. Er hatte noch volles weißes Haar und eine alte Ray-Ban-Fliegerbrille mit braungetönten Gläsern auf der Nase.

Nur an seiner Nase konnte man erkennen, dass er regelmäßig und bereits über Jahre täglich Weinschorle trank. Besonders freute er sich, wenn er in die Bar kam, sein Stammplatz am Fenster frei war und seine Weinschorle wortlos über den Tisch in seine durstigen Arme wanderte. Dann trank er und setzte sich einige Zeit später ans Klavier. Er spielte für uns, alten Jazz oder Blues. Klassische Stücke hatte er auch drauf. Es war seine Art, Danke zu sagen, dass er hier bei uns seinen Platz hatte. Er wollte nicht reden. Mochte es, wenn man das respektierte. Wir kommunizierten eher mit Gesten oder Blicken. Wenn er betrunken war, konnte er manchmal ziemlich aufbrausend sein, besonders wenn sich ein unbekanntes Gesicht oder ein verirrter Tourist auf seinen Stammplatz setzte.

Dann brüllte er in meist verdutzte Gesichter *„Seht zu, dass ihr Land gewinnt, ihr habt hier nichts zu suchen …"* oder wurde richtig beleidigend.

Wir schickten ihn dann nach Hause.

Er bezahlte seine Rechnungen, aber traditionell erst, wenn der auf ihn ausgestellte Deckel bereits vor Strichen überquoll und nur nach Aufforderung.

Meine Kollegin hinter dem Tresen hatte einen guten Draht zu ihm. Sie hatte genau die richtige Mischung aus Humor und Durchsetzungsvermögen, um ihn an seine Außenstände zu erinnern.

„Harald, ich glaube, wenn deine Rechnung nicht bald bezahlt ist, steht Ende des Monats das Klavier unter Strom."

Dann lachten wir alle. Harald am lautesten … und er bezahlte.

Meine Kollegin war für Harald ein Engel des Alltags. Sie hatte die richtige Frequenz zu seinem Herzen gefunden.

Das richtige Maß an Humor ist manchmal unglaublich hilfreich, setzt aber auch voraus, dass man sich schon ein wenig kennt und weiß, wie der andere tickt, sonst kann es auch nach hinten losgehen.

Humor hilft beispielsweise nicht, wenn andere bedroht werden oder wenn der Alkohol die Gefühlsantennen bereits so stumpf gemacht hat, dass kein Empfang mehr möglich ist.

Das habe ich eher in meinen Abendschichten gemerkt.

DER LEBENSFICKER

„Eddy macht die Türe eines angesagten Clubs,
lange Schlangen und dadurch betrunk'ne Wut
sind für Eddy kein Problem,
er bringt sie alle wieder runter,
weil er wie kein Zweiter in sich selber ruht.

Eddy, lass mich jetzt endlich rein,
Eddy, ich hau dich um du Schwein,
Eddy, ich zeig dich an du Snob,
such dir besser schonmal einen neuen Job.

Eddy bleibt ganz locker,
sowas haut ihn nicht vom Hocker,
er bedauert diesen Druck der Upper Class,
alle müssen sich beweisen
als die Reichsten und die Geilsten und
verlieren dabei ihr Gefühl für Spaß.

Wenn der letzte Gast gegangen ist,
löscht Eddy das Reklamelicht,
schließt ab und nimmt den großen blauen Sack
zum Container an der Ecke,
zieht die Kevlarweste aus,
spreizt die Flügel und fliegt heimwärts in die Nacht."

Song: Eddy

„Ich fick dein Leben, du Hurensohn! ICH FICKE DEIN LEBEN." Er hatte sich vor einem jüngeren Gast aufgebaut, der mit

Freunden an einem Tisch saß, ein paar Kids, die gerade 18 geworden waren und nun verängstigt auf den Boden sahen.

Er war alkoholisiert, relativ hager und sah eigentlich nicht aus wie jemand, der schon am frühen Abend das Leben anderer Menschen fickte. Dann, wie aus dem Nichts, materialisierte sich neben ihm der Türsteher des Clubs. Sah ihn an. Und sprach mit ruhiger Stimme: *„Du bedrohst hier vor der Bar gerade Menschen und machst dem ganzen Tisch Angst, was soll das?"*

Wie besoffen der Angesprochene war, zeigte sich sofort: Er sprang direkt auf mich zu, bis er mit seiner Nase kurz vor meiner Nase zum Stehen kam.

„ICH BIN WÜTEND."

„Das merke ich, aber du kannst hier nicht reinkommen und wahllos Menschen anschreien, geh jetzt nach Hause und schlaf dich aus."

„FASS MICH NICHT AN, ICH HAB AIDS, ICH STECK EUCH ALLE AN."

„Ich fass dich nicht an, aber du gehst jetzt. Sofort."

Gott sei Dank ging er wirklich, nachdem er noch einmal gedroht hatte, alle in der Bar mit Aids zu infizieren. Ich war dankbar, dass sich die Lage schnell entspannte.

Mir wurde einmal mehr bewusst, welchen unglaublichen Job die Türsteher auf St. Pauli jeden Abend machen. Bei den Engeln des Alltags, die uns jeden Tag umgeben, stehen sie

bei mir ganz oben auf der Liste. Sie sind Kommunikationsexperten, die jeden Abend mit dem absoluten Wahnsinn an Rausch, Gefühl, Liebe, Wut und Enttäuschung konfrontiert sind. In kürzester Zeit einzuschätzen, welcher Ton angeschlagen werden muss, ist eine Meisterleitung, die in Liedern besungen werden müsste.

Manchmal gibt es für zwei Menschen keine Möglichkeit mehr, miteinander zu schwingen. Dann hilft es nur, eine Grenze zu setzen oder zu akzeptieren, dass keine gemeinsame Basis gefunden werden kann.

Das gilt auch für Seelsorgegespräche, die nicht in den Neonkathedralen geführt werden.

Aber ich bin dankbar für alles, was ich in ihnen lernen durfte. Auch wenn ich meinen Preis dafür bezahlt habe. Und auch wenn ich mich mit meinem Theologiestudium sehr schwergetan habe und haderte, so hat doch etwas tief in mir immer wieder geflüstert: Es ist richtig, was du da tust.

AUF DER SUCHE

„Das ist der bittersüße Klang des Scheiterns,
wenn die Tür ins Schloss fällt,
knackt das Zischen einer Dose,
die beim Lügen hilft.
Das ist das Ticken einer Uhr,
die du nicht finden kannst.
Du drehst dich im Kreis,
immer rundherum im Quadrat mal drei.
Die Wände deiner Wohnung reflektieren deinen
Seelenzustand.
Echo? Echo? Hörst du mich schreien?
Das ist der Hochhaussoundtrack einer Großstadt,
den das Leben schreibt,
und der lädt dich heut zum Affentanzen ein.“

Song: Chuck Norris Garantie

Als ich vom schwarzen Hund gebissen meine Wunden in dem kleinen Hinterzimmer von St. Pauli leckte, war ich nicht fähig, irgendein Flüstern oder eine Stimme wahrzunehmen. Meine Gefühlsantennen waren stumpf. Ähnlich wie bei Alkohol oder Drogen sorgt der Biss des schwarzen Hundes dafür, dass dein Körper nicht mehr schwingen möchte.

Heute weiß ich: So fühlt sich Depression an.

Johnny Mocanelli versuchte in dieser Zeit für mich da zu sein, aber selbst sein Humor, der mich sonst immer in Schwung brachte, wollte nicht funktionieren.

Johnny unternahm einiges, um mir zu helfen, und schaute immer wieder bei mir vorbei, wenn er von seinen Schichten auf der Hamburger Messe kam. Der Umgangston dort war rau und die Arbeitsbedingungen waren brutal. Kurz gesagt, man musste tough as fuck sein, wenn man diesen Job länger als nur ein paar Wochen durchhalten wollte.

Johnny war tough as fuck.

Wochenlang durcharbeiten ohne Schlaf und Tageslicht. Johnny Mocanelli zog es durch. Irgendwoher musste das Geld für den Unterhalt seiner drei Kinder, die er ebenso abgöttisch wie die Musik liebte, ja herkommen. Er ging während unserer Tourpausen immer wieder los und verschwand für viele Tage im gierigen und erbarmungslosen Strudel der Hamburger Messe.

Er baute zusammen mit Ex-Knackis, Ex-Rockern und anderen Überlebenskünstlern Stände auf und ab und schaffte es irgendwie, seinen Humor und seine Lust am Leben nicht zu verlieren. Vermutlich, weil er wusste, wofür er das alles machte. Für die Kids. Für die Musik. Er brachte immer neue Geschichten von der Messe mit. Wenn er sie dann in der Küche unserer kleinen Kommune zum Besten gab, hingen alle, die um ihn saßen, an seinen Lippen.

Jedes Mal, wenn sein Reibeisenlachen ertönte, konnte man nicht anders als mitlachen. So viel göttliche Freude lag in diesem Moment im Raum. Johnny zündete einen Joint an, blies einmal Rauch in die Runde und begann:

„Gestern ist so ein Typ auf der Messe von einer acht Meter hohen Leiter gefallen und mit dem Arsch direkt in eine Scheibe gekracht. Ich weiß nicht wie, aber das hat ihm irgendwie das Leben gerettet. Sein Bein war auf jeden Fall gebrochen, und was sagt der zu uns, als sie ihn auf der Trage nach draußen in den Krankenwagen heben? ‚Loide, morgen bin ich dann wieder dabei.' – Hahaha, was für ein Typ. Das Einzige, was dem einfällt, ist, uns zu sagen: ‚Loide, morgen bin ich wieder dabei.' – Hahaha …"

Johnny lebte ein Leben am Limit, seit er sich dafür entschieden hatte, keinen gesellschaftlich konventionellen Weg zu gehen. Er tanzte mit den Sternen und trank Feuer. Er drehte Pirouetten zur Musik, die ihm alles bedeutete. Er hatte sich ihr verschrieben, mit allen Konsequenzen, die das Leben eines Künstlers mit sich brachte. Er hatte akzeptiert, dass diese Freiheit auch Dunkelheit mit sich brachte, und schaffte es auf seine besondere Weise immer wieder aus den Löchern heraus, die aus existenzieller Not oder ausgeprägter Ekstase gegraben worden waren. Von ihm habe ich gelernt, welche starke Kraft Humor und Lachen besitzen im Kampf gegen Depression und Existenzangst.

Sie sind Superkräfte, die helfen, widerstandsfähig zu bleiben im ganzen Auf und Ab des Lebens. Heute versuche ich in meiner Arbeit als Seelsorger und Trauerbegleiter, wo ich nur kann, diese Ressource zu beleben.

Immer wieder denke ich dann an Johnny Mocanelli, seine überirdische Energie und seine ätherisch schönen Geschichten. Wie er damals in den 90ern eine Woche in der Kultkneipe *Ex-Sparr* auf dem Hamburger Berg verbracht hatte, ohne nachhaltig durchzudrehn. Wie ihn einst jedes Mal, wenn er nach Hause gehen wollte, die aufgehende Sonne wieder kichernd in die Katakomben der Kneipe getrieben hatte, in den Schoß der Musik zu den anderen Kindern der Nacht.

Ich zwang mich zur Arbeit. Ich zwang mich auf Tour.

Aber es ging mir nicht gut.

Ab und zu gab es noch lustige Ausreißer nach oben. Wie zum Beispiel die Entwicklung des „Zeckers“, mit dem Johnny und ich auf schnelles Geld hofften.

In dieser Zeit tat jedes herzhafte Lachen gut, und jede Chance, aus der Stumpfheit aufzutauchen, war ein Geschenk.

Von Johnny lernte ich:

Versuche nie dein Lachen zu verlieren, egal wie tief die Nacht ist.

LACHEN – KUSS DER ENGEL

„Mir bleibt nur Traum und Utopie,
ich mal ein Deutschland schön wie nie,
erwacht aus seiner Lethargie.

Ein neugebornes Kind,
frei von Falschheit und von Lügen,
viel zu jung, um zu betrügen,
seine Unschuld würde siegen
über Leistungsdruck und Hass.

Ich bin aus diesem Traum erwacht,
Mann, war der schön, hab ich gedacht,
hab Anzugträger angelacht.
Die waren irritiert,
denn die trafen sich zum Fressen
kleiner Firmen durch Erpressen
und sie hatten längst vergessen,
wie ein Lachen klingen kann.

Du musst für deine Freiheit bezahlen,
doch dreisterweise bist du dir der Scheiße nicht im Klaren.
Du sagst, du bist glücklich mit der Welt,
doch du häufst Lügen auf, bis der Turm zusammenfällt."

Song: Zombie Shuffle

Davidstraße 35, 3. Stock, Johnny Mocanelli und ich steckten die Köpfe zusammen. Starrten angestrengt auf eine Zeichnung, diskutierten wild, kichernd mit wackelnden Köpfen. Eine duftende Marihuana-Wolke schwebte erhaben über der Szenerie. Eiswürfel klimperten in den eingeschenkten Drinks. Cola Rum, Treibstoff der Kinder der Nacht.

„Und du meinsssst so können wir wirglich su Geld kommen?“

„Sischer äh sicher“, lallte Johnny Mocanelli und tippte mit glänzenden Augen und aufgeregtem Zeigefinger auf den zwischen uns liegenden Schmierzettel. *„Der Zecka, das is ne absolude Maaktlügge.“*

Der Zecker war eine von uns erdachte kleine Pumpe, die man mit einem Gurt unter der Achsel befestigen konnte. Vor der Pumpe war ein Beutel befestigt, aus dem ein langer Plastikschlauch führte, der – unauffällig durch den Pulloverärmel geschoben – am Handgelenk herausragte. Ein Utensil für Schnorrer und Habenichtse, dessen Funktion es war, die im Club an der Bar bestellten Drinks der Feierwütigen heimlich wegzuzecken und in den Achselbeutel zu tanken.

„Die ganse Nacht Drinks for free!!! Wir machen dasu noch ein schigges Werbevideo. Das verkauft sich sichäh.“

„Jo diggi, jo!!!“

„Jetzz hab ichs, in dem Werbevideo, da müssen wir unbedingt Wölfi von den ‚Kassierern‘ den Drink wegzecken. Dasss is die beste Werbung!!! Verstehste???“

HELL.NET

„Jo diggi, jo!!!“

Tatsächlich drehten wir einige Wochen später bei einem Konzert in Köln unser Werbevideo.

Die mächtige Bochumer Punkband *Kassierer* hatte uns eingeladen, als Support anlässlich ihres 30-jährigen Bühnenjubiläums aufzuspielen. Es war ein feuchtfröhlicher Abend, über 1.200 Ruhrpottpunks feierten die Kassierer und APPD[1]-Politik-Legende „Wölfi“ in der ausverkauften Essigfabrik.

Wir hatten einen Prototyp des Zeckers gebaut. Eigentlich war es nur ein Schlauch, und am Ende des Schlauches hing unser Posaunist, der mit seinem gigantischen Lungenvolumen Wolfgang „Wölfi“ Wendlands Drink wegzeckte, während Johnny Mocanelli als der „personifizierte Zecka“ ihn in ein Gespräch verwickeln sollte. Johnny hatte sich dazu eine besondere Verkleidung ausgedacht. Der ganze Backstagebereich brüllte vor Lachen, als er auf einmal mit aufgeklebten falschen Zähnen und einem schwarzen Detektiv-Ledermantel mit aufstellbarem Kragen vor uns stand. Er war bereit, „loszuzecken“. Aus dem Ärmel des Ledermantels ragte der Zeckschlauch.

Wir wollten dem Werbevideo eine Edgar-Wallace-Note geben, und so sollte – angelehnt an den Hexer – eine Stimme aus dem Off folgende Werbebotschaft in den Orbit senden: *„Neues vom Zecka, nimm dich in Acht, er zeckt dir die Drinks von den Tresen der Stadt. – Für 9,90 Euronen kannst auch du zum Zecka werden!!!“*

1 Anarchistische Pogo-Partei Deutschlands

Wölfi sollte der erste von vielen Opfern des Zeckers werden, denen der Drink weggezeckt wurde. Ich weiß bis heute nicht, warum wir die Idee am Ende nicht weiterverfolgt haben. Vermutlich lag es an meinen Stimmungsschwankungen. Der Dreh in den Katakomben der alten Essigfabrik war auf jeden Fall alle Mühe wert, und ich glaube Wölfi spielte seine Rolle perfekt. Für ihn war es nicht neu, dass sich ein Rudel Punks um ihn scharte und mit komischen Ideen konfrontierte. Zumindest erinnere ich mich an viel Gelächter und Gegröhle.

Manche Dinge sind mir allerdings nur noch sehr verschwommen und schemenhaft vor Augen. Ich weiß nur noch, wie Johnny andauernd versuchte, seine aufgeklebten, falschen Zähne unter Kontrolle zu bekommen, während er den Zeckschlauch in Wölfis Bier platzierte. Wölfi erzählte uns währenddessen, dass er vorhabe, für die Stelle des Bürgermeisters von Bochum zu kandidieren. – Ich glaube, er wäre eine gute Besetzung gewesen.

An diesem Abend, der nur so von Lachen und Freude durchdrungen war, versuchte ich genau dieses goldene, warme Gefühl in meinem Körpergedächtnis einzuspeichern. **So fühlte es ich also an – dieses göttliche Lachen, das uns durch den ganzen Körper fährt, wie der Kuss eines Engels.**

In diesen, meinen dunklen Zeiten war es für mich wertvoller als alles Gold der Welt. Jedes Mal, wenn es sich in mein Leben schlich, im Tourbus, in den Backstageräumen der Republik oder auf der Bühne, betete ich zu Gott, teilte ihm mit, dass ich wieder gesund werden wollte. In jedem Lachen steckte ein wenig Hoffnung, dass die Chance darauf bestand.

AWARENESS
Ein Awareness Team ist den ganzen Abend vor Ort,
du erkennst sie an den Lichterketten.
Wenn es dir nicht gut geht, du Ruhe brauchst, dich unwohl fühlst, aus welchen
Gründen auch immer, komme gerne zu den zwei Personen
Sie sind für dich da und werden sich um dich
und deine Anliegen kümmern!
massages for queers and friends
Das Waschbecken
ist defekt.
KAPUTT
KAPUTTTTT!
Uebel & Gefährlich
Hinz&Kunzt

KAPUTTTTTT!

Irgendwann, als die Nacht immer tiefer wurde, schleppte ich mich doch noch zu einem Therapeuten. Er attestierte mir relativ schnell eine handfeste Depression: „Also wenn ich mir das so anhöre, was Sie erzählen, rate ich Ihnen, sich aus Ihrem toxischen Umfeld zu lösen. Da ist vieles nicht normal, einschließlich der Drogen."

Nach einigen Sitzungen ging ich einfach nicht mehr hin. Mir fehlte die Kraft dazu, und ich hatte das Gefühl, mit jemandem zu sprechen, der keine Ahnung von dem Leben eines Künstlers hatte. Was war schon normal?

Depression war nahezu Standard in dieser unsicheren Welt, die von der Gunst der Ahnungslosen abhing. Drogen auch.

Unsere Therapeuten waren die Engel hinter den Tresen oder in den Tätowierstuben St. Paulis. Menschen, die uns zuhörten oder uns durch ihre Kunst halfen, mit einer besonderen Lebensphase klarzukommen.

Toxisch war für mich in den letzten Jahren vor allen Dingen die Universität gewesen. Ich hatte das Gefühl, dass nichts, was die Professoren in ihren Studierzimmern ausbrüteten, Relevanz hatte für die Welt, in der ich mich bewegte. **Da war so wenig Feuer, so wenig Leidenschaft, dafür umso mehr Unsicherheit und Arroganz.** Ich hatte damals eigentlich gehofft, dem großen, göttlichen Geheimnis etwas mehr auf die Spur zu kommen. Stattdessen kam ich aus dem Studium direkt in eine Glaubenskrise. Ich fühlte mich ausgesaugt und leer. Aber in die Psychiatrie wollte ich nicht.

Ich wollte das ohne Pillen schaffen, denn die meisten Herzensmenschen, die ich kannte, waren aus der Psychiatrie nicht unbedingt gesünder zurückgekehrt.

Ich sehe eine der wichtigsten Personen in meinem Leben noch genau vor mir, wie sie mir bei einem Besuch in der Psychiatrie auf allen vieren entgegengekrochen kam, mit zerschnittenen Armen, betäubt von Tavor und Zyprexa.

Brennender, lodernder Hass stieg damals in mir auf, Hass auf die Selbstherrlichkeit der Ärzte, auf das krankmachende System, Hass auf die beschissene Welt. In mir war so viel Feuer, es hätte für eine ganze Stadt gereicht. Stattdessen nahm ich die Person in die Arme und trug sie auf ihr

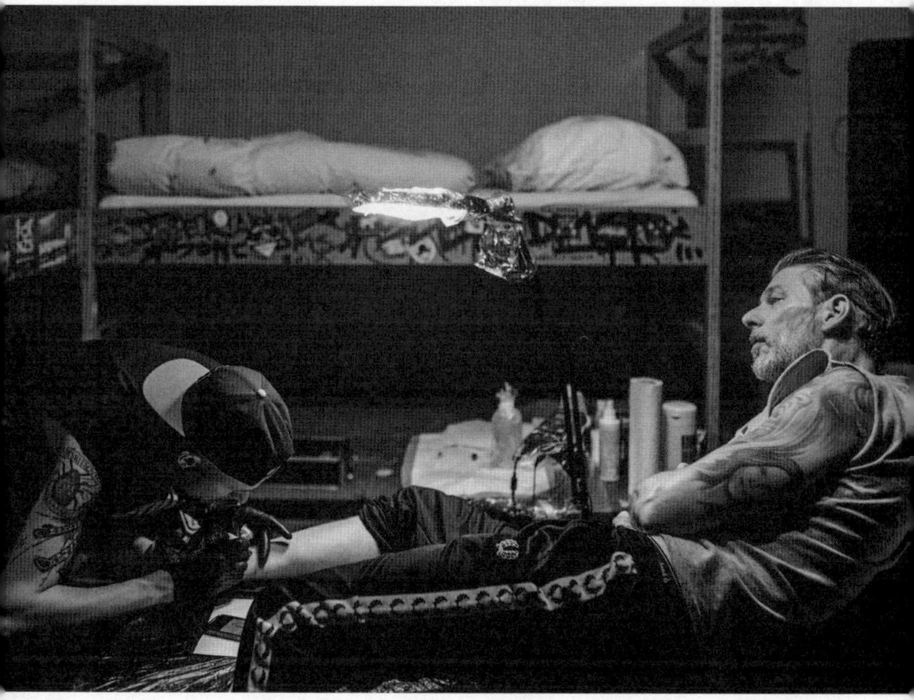

Zimmer – in der hilflosen Hoffnung, dass es irgendwann besser werden würden.

Mit einem aber hatte der Psychiater recht gehabt: Ich musste wieder klarkommen. Mich für einige Zeit aus der Welt und von der Reeperbahn lösen und wieder gesund werden.

Ich wollte wieder die Melodie des Lebens spüren und den Gesang der Straße.

FLUCHT NACH VORN

„Verloren im Zeitstrom,
es zählt nur noch Leistung.
Die Welt dreht sich weiter,
wer kommt da noch mit?
Im Ohr dieser Pfeifton,
die Chance auf Heilung
ist nicht leicht zu greifen.

Ich komm aus dem Tritt.
Ich fall aus der Welt.
Ich fall aus der Zeit.
Ich fall auf die Knie,
bist du bereit?
Fängst du mich denn auf,
wenn mich nichts mehr hält?
Die Liebe sagt ja,
schönste Antwort der Welt.“

Song: Liebe vs. Zeitstrom

Ich rief meinen besten Freund und Weltenbummler Dean an, der von einer langen Reise zurückgekehrt war und nun einen Bio-Bauernhof in der Nähe von Kassel betrieb. Dean war schon immer so voller spiritueller Lebensenergie gewesen, dass er Menschen, die auf der Suche waren, magisch anzog. Er war wie ein fantastisches Kraftwerk, das einen scheinbar unerschöpflichen Vorrat an Energie produzierte, das stampfte, zischte und manisch Funken sprühte.

Bei jeder Tanzfläche, die er betrat, richtete das Universum seinen kosmischen Scheinwerfer auf ihn, und wenn er zu tanzen begann, war es stets, als würde man einen archaischen Fruchtbarkeitstanz beobachten. Seine Hüften bewegten sich schneller und schneller, während die Arme in konzentrischen Kreisen nach dem Himmel griffen. Ab und zu warf er sich auf alle viere und twerkte, während er gleichzeitig schrille Pfiffe zum Rhythmus der Musik ausstieß, dann warf er sich herum, stützte sich auf seine Handflächen und hüpfte in kleinen Sätzen über die Tanzfläche – während alle anderen mittlerweile aufgehört hatten zu tanzen. Sie starrten irritiert und fasziniert auf die Entfesselung dieses Energieorkans. Die Reaktionen auf dieses Urspektakel fielen gemischt aus.

Diejenigen, die in ihrer Schwingungsfähigkeit gehemmt waren, wackelten altklug mit den Köpfen und machten sich hinter vorgehaltener Hand lustig über den Verrückten, der da auf der Tanzfläche wütete.

„Ist der auf Pille, oder was? Der ist ja druff! Was für ein Weirdo."

Besonders hart traf es die Männer vom Typ Alpha, die den Abend nutzen wollten, um Frauen abzuschleppen. Ihnen fiel ihre mühsam aufgebaute Männlichkeitsfassade krachend aus dem Gesicht, als sie sahen, wie Dean seinen Tanz beendete und fröhlich pfeifend und lachend von der Tanzfläche schwebte, umringt von einer Traube Frauen, die mehr von dieser bunten, pulsierenden Lebensenergie wollten, die keinen Wert auf Coolness und steife Männlichkeit legten.

„Hajde Jasha, auf das Leben", brüllte Dean und warf mit seinem für ihn typischen Lachen seinen Kopf in den Nacken.

Als ich Dean damals anrief, war ich kaum fähig, einen klaren Satz herauszubringen. Das ist das Problem mit dem schwarzen Hund, er bringt dich dazu, dich immer mehr in dich selbst zurückzuziehen, obwohl du eigentlich Hilfe von außen bräuchtest. Dean spürte, dass ich in Not war, setzte sich in sein Auto und fuhr nach Hamburg.

„Komm zu mir auf den Hof, wir bauen da was zusammen auf, und du wirst wieder fit. Die Natur wird dich heilen.“

Ich warf meine Sachen in den Kofferraum von Dean.

„Hajde Jasha“, brüllte er und trat aufs Gaspedal.

Während der Fahrt dämmerte ich immer wieder ein. Je mehr Kilometer zwischen Hamburg und mich kamen, desto leichter wurde ich. Ich begann loszulassen. Das Studium, meine Beziehung ... Es tat weh und gleichzeitig war da auch etwas Hoffnungsvolles, dass irgendwo da draußen die Chance auf etwas Neues wartete. Eine neue Möglichkeit, eine neue Aufgabe. Noch konnte ich es nicht greifen. Aber alles war besser, als sich an den Steinen festzuklammern, die so schwer auf meiner Seele lagen.

Ein Licht am Ende des Tunnels.

Dean bediente das Lenkrad mit einem Knie, während er mit einer Hand wild den Takt zu Tom Pettys Song „Free Fallin“ schnippste. Er steuerte sein Schiff mit dem Blick eines Containerschiffkapitäns durch die einbrechende Nacht.

„And I'm free, free fallin“, sang Tom Petty ... hoffentlich in Gottes Hand.

WILDE SEHNSUCHT

„Spürst du den Wind aus der Ferne,
der von Veränderung singt,
der mit den Wipfeln der Bäume
um jeden Neuanfang ringt.

Hörst du das Rauschen des Meeres,
das alles still werden lässt,
fragende ewige Brandung,
woran bloß hältst du dich fest?

Fühlst du die strahlende Sonne,
lockt dich vom Schatten ins Licht,
zärtlich umarmende Wärme,
die mit der Dunkelheit bricht.

Sterne verglühn,
Sterne entstehn
wie Feuerwerksfunken im himmlischen Weh'n,
kannst du sie seh'n?

Zeit aufzustehn,
Zeit zu verstehn
den himmlischen Kreislauf des blauen Planets,
Zeit loszugehn."

Song: Sternengesang

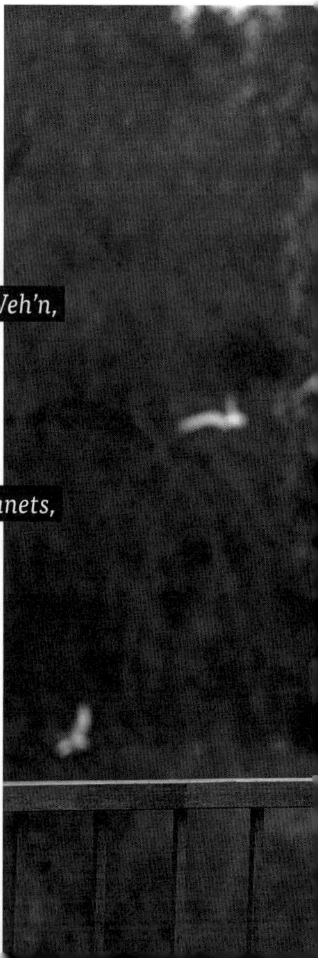

Gut Kragenhof war das absolute Gegenteil der Reeperbahn. Der Bio-Hof, mitten in einem Naturschutzgebiet, befindet sich auf einer Halbinsel vor den Toren Kassels. Dort konnte man sich nachts auf die weiten Wiesen vor den Feldern legen und in den Sternenhimmel abheben, der sich über die Flussschleife und die angrenzenden Waldgebiete spannte. Ich hatte mir vor Ort einen alten Bauwagen gekauft, den ich Stück für Stück ausbauen wollte – nur um am Ende festzustellen, dass ich handwerklich gar nicht mal so begabt bin. Und dennoch …

Auch wenn ich mich damals immer wieder verloren fühlte: Dieser vermeintliche Tiefpunkt und die Bodenlosigkeit, gepaart mit dem Gefühl zu versinken, der Abbruch des Studiums, die Orientierungslosigkeit, all das brachte mich wieder in Kontakt mit dem, was mich damals anfing suchen zu lassen nach Gottesmomenten.

Ich war in dem vergangenen Jahr, in dem ich mich verbissen und verkrampft auf das Theologieexamen vorbereitet hatte, so starr geworden, dass ich meinen Rhythmus verloren hatte. Ich hatte sämtliche Schwingung aus meinem Leben verbannt. Hatte versucht, den akkuraten Uni-Weg zu gehen und war gescheitert.

Nun aber, als ich im Gras am Rande der Felder lag und in den Sternenhimmel hinaufsah, wurde die Angst weniger. Atemzug für Atemzug entwich sie meinem Körper. Ich war gar nicht ganz unten.

Ich spürte, wie ich gehalten wurde von etwas Größerem.

Genau das wollte ich damals wie heute doch eigentlich suchen und finden.

Es ging mir um ein erfülltes Leben. Um die Suche nach Gott. Nicht um einen Universitätstitel.

„*Hajde Jasha*“, brüllte ich in den Sternenhimmel und lachte wie schon lange nicht mehr.

Dann hörte ich es neben mir plätschern.

Dean stand ein paar Meter entfernt von mir. Er hatte seinen Kopf in den Nacken gelegt, betrachtete die Sterne und urinierte dabei hingebungsvoll auf die Blumenwiese. Ein erhabenes Bild.

„Ich hab dir doch gesagt, die Natur wird dich heilen", sagte er, beendete sein Ritual mit einem krachenden Furz, der wie ein Ausrufezeichen klang, und stapfte mit stolzerfüllter Brust zu den nahegelegenen Ställen.

Ich begann in der kleinen Bio-Bäckerei des Hofes mitzuarbeiten. Fuhr nachts durch die Wälder Brote in die umliegenden schlafenden Städte und Dörfer. Sah Wildschweine, Rehe, einen Dachs, der im Morgengrauen o-beinig an einem Flusslauf entlangtapste. Schob frisches Brot auf klappernden Plastikwagen durch die dunklen Supermarkt-Filialen. Trank duftenden Kaffee. Lauschte in die Nacht.

Dann, zu einem Zeitpunkt, an dem ich es am wenigsten erwartete, hörte ich sie wieder leise …

Ich hatte den kleinen weißen Transporter auf einem Rastplatz am Rand eines Waldes geparkt und hörte gerade in die Demoaufnahmen einer neuen Musikproduktion hinein, als auf einmal etwas durch die Riffs und Akkorde, denen ich konzentriert zugehört hatte, klang. Ich schaltete die Musik ab, öffnete die Fenster und lauschte.

Ein Wind kam auf, und wehte sie rauschend durch die Wipfel der sich wiegenden Tannen …

Eine göttliche Melodie der Hoffnung, auf die jedes suchende Herz mit Sehnsucht antworten muss.

Noch war es nur ein zaghaftes Ziehen, eine zarte Erinnerung, ein Echo von dem, was man damals gespürt hatte. Aber es reichte, um laut zu jubeln, einen Gang einzulegen. Die Handbremse zu lösen und auf den Klang der vier Räder zu hören, die von einer himmlischen Freiheit sangen, erlösend und wild.

Ich war glücklich und entsetzt zugleich, dass mich Gottes Hand auf einmal in die Wildnis geworfen hatte. Denn genau das war es für einen neurotischen Großstädter wie mich: die Wildnis.

Immer mehr wurde mir bewusst, wie begrenzt meine Fähigkeiten außerhalb des vertrauten Betons doch waren.

Ich scheiterte zwar am Innenausbau meines Bauwagens, fluchte beim Einsetzen neuer Brandschutztüren auf dem Hof, zerlegte beinahe das alte Transportfahrzeug, als ich auf einer Eisplatte in der Nähe einer Brücke im Winter ins Schleudern kam – aber dennoch lag so viel Heilsames in der Beobachtung der Natur. Stundenlang schaute ich auf den Fluss, betrachtete die Schwäne, die übers Wasser glitten, oder die Kormoran-Kolonie, die in den Wipfeln der Bäume wie in einem Hochhaus ein- und ausflogen.

Ich fand wieder einen Rhythmus.

Die Beobachtung der Natur hatte mir geholfen, mich aufzurichten.

Das göttliche Rauschen der Bäume und der Gesang der Sterne hatten mich in Schwingung versetzt.

Ich begann wieder zu fühlen.

Alles hing miteinander zusammen, und meine persönlichen Themen mit der Welt waren nur ein Fliegenschiss im Angesicht der ewigen Jahreszeiten. Durch diese Erkenntnis war ich aufgefangen worden. Geerdet. Frei, der zu sein, der ich sein wollte. „*Only god can judge me.*" Was für ein Wunder.

„*Je tiefer man die Schöpfung erkennt, umso größere Wunder entdeckt man in ihr*", das Zitat wird Martin Luther zugeschrieben. In der Natur hatte ich die Ruhe gefunden, meine Vergangenheit Revue passieren zu lassen. Nur darauf zu setzen, im Hier und Jetzt zu leben und dabei die Zukunft und Vergangenheit auszuklammern – jedem, der meint, so glücklich und erfüllt leben zu können, würde ich widersprechen. Beides ist wichtig, um verschiedene Blickwinkel auf das eigene Leben zu erhalten. Denn im Innehalten und im Rückblick auf die Vergangenheit lernte ich mehr über mich selbst, wer ich eigentlich war und welche Dinge mir in den letzten Jahren wichtig gewesen waren. Für welche Werte ich eigentlich einstehen wollte. Was gut gewesen war, was schlecht gewesen war. Und womit ich Frieden machen wollte.

Letztlich steckt im Rückblick auf die Vergangenheit auch die Chance auf einen guten Neuanfang.

ALERTA, ALERTA ANTI-AKW-TRECK

Ich erinnerte mich daran, wie wir 2009 mit unserem klapprigen Tourbus nach Berlin eierten, um auf der riesigen Bühne, die vor dem Brandenburger Tor aufgebaut war, dem großen Anti-AKW-Treck musikalischen Respekt zu zollen. Es waren so viele Menschen unterwegs, dass wir den Weg zur Bühne nicht fanden.

„*Habta Nawi?*“, berlinerte uns ein Polizist an.

„*Hamwa, hamwa.*“

„*Jut.*“ Zielsicher leitete er uns weiter durch die Menschenmassen, hinter die Bühne.

Bis zur Siegessäule standen die Traktoren, ich schätze es waren 80.000 Demonstranten, die Schulter an Schulter für eine strahlungsfreie Zukunft demonstrierten. Es war surreal zu sehen, wie so viele Menschen gewaltfrei die Revolution der Liebe tanzten. Als der Funke übersprang und ich für einen Moment in der Musik verschwinden konnte, sah ich auf einmal in einem Zeitlupenmoment Nina Hagen in der ersten Reihe, wie sie gemeinsam, eingehakt bei anderen Aktivistinnen, zu unserem Sound skankte. Seitdem verehre ich sie umso mehr, nicht nur für ihre Musik, sondern auch für ihre Menschlichkeit und ihren liebevollen Blick auf unsere Umwelt.

2010 wurden wir erneut von der Organisation *Robin Wood* angefragt.

Wir sollten ein Soli-Konzert in der *Hamburger Fabrik* spielen. Zusammen mit der frisch reunierten Band *Slime*. Eine Band, die meine Jugend auf dem Dorf stark geprägt hatte. Ich hätte nie gedacht, sie jemals live zu hören, und als dann bereits beim Soundcheck die ersten Akkorde ihrer Songs ertönten, begann ich vor Freude zu weinen.

Es war alles zu schön. Als dann auch noch *Jan Delay* für einen Gastauftritt vorbeischaute, gab es kein Halten mehr, eine solche Energie wie an diesem Konzertabend habe ich selten gespürt. Ich hatte das Gefühl, Musik könnte die Welt verändern. Irgendwann standen alle auf der Bühne oder lagen sich in den Armen. Vielleicht würde am Ende doch alles gut werden.

2011 – Reaktorschmelze in Fukushima. Wieder große Menschenketten, bundesweite Proteste. Wir demonstrierten auf dem Rathausmarkt und machten Musik mit 25.000 Menschen, die auf die Straße gegangen waren für eine bessere Welt.

Ich bewunderte die Organisatoren dieser Veranstaltung. Das, was wir dazutaten, war aufzutreten und auf unsere Gage zu verzichten. Es war wenig im Vergleich zu der Arbeit der Umweltaktivisten.

Sehr wenig. Besser als nichts.

Ich war dankbar, als Musiker in einer Band spielen zu dürfen, der nicht alles scheißegal war. Die sich für eine gesunde Welt und eine bunte Gesellschaft einsetzen wollte. Nach wie vor glaube ich an die transformative Kraft der Liebe. Deswegen mache ich heute noch Musik, auch wenn ich

mittlerweile keinen engen Kontakt mehr mit der Hamburger Punkszene habe und mich kaum noch auf Konzerten herumtreibe. Mir reicht eine Handvoll Menschen, die ich über die vielen Jahre auf Tour irgendwo neben den Straßen Hamburgs kennen- und lieben gelernt habe.

Menschen, die mich auf meiner spirituellen Suche nach dem Göttlichen nicht verurteilten, sondern ernst nahmen. Menschen, mit denen ich gerne die Enge eines schwitzigen Tourbusses teilte. Menschen wie Diogenes.

Es tat gut, nicht alleine zu sein.

STAY RUDEL – STAY REBEL

„Keine Liebe,
keine Liebe.
Flasche Rum,
Flasche Coke,
aber keine Liebe.
Alles kalt
ohne Liebe.
Ich heize mein Herz
nur mit Dope,
ohne Liebe.

Ich muss raus
zu den Hunden
und heule zum Mond voller Schmerz,
ohne Liebe.
Ich muss raus
zu euch Hunden,
denn da, wo ihr Hunde seid,
da ist meine Familie.

Stay Rudel – Stay Rebel.
Stay Rudel – Stay Rebel.
Es reißen die Ketten,
die Hunde sind los."

Song: Stay Rudel – Stay Rebel

„Wenn ich scheißen muss, dann scheiße ich", brüllte Diogenes und richtete sich im Tourbus zu seiner vollen Größe auf. Sein Afro, der am Hinterkopf bereits etwas lichter war, bebte empört, und für einen Moment waren alle Augen auf ihn gerichtet.

Ich liebte diesen Mann. Hamburger Punk der ersten Stunde.

Er sah heroisch aus, wie er da so im Bus stand, in seinen riesigen Wanderstiefeln, mit der alten Jeans und der Baseballjacke. Zwischen seinem erhobenen Zeige- und Mittelfinger glühte eine selbstgedrehte Zigarette.

Wäre ich Bildhauer gewesen, ich hätte in diesem Moment eine Statue von ihm angefertigt. In den Sockel hätte ich dann eine Metallplakette geschraubt mit der Aufschrift: *Diogenes – ein Mann im Einklang mit seinen Bedürfnissen.*

Ich war aber kein Bildhauer.

Als Musik-Connaisseur der Extraklasse besaß er Kassetten und Schallplatten von Bands, von denen sonst vermutlich nur noch zwei, drei andere Menschen auf diesem Planeten wussten. Manchmal durften wir sie im Tourbus auch anhören, damit wir Kinderpunks mal was über Musik lernten. Das waren oft grausame Momente für uns. Denn die Bands waren nicht umsonst nur zwei, drei Menschen auf diesem Planeten bekannt.

Ab und zu legte Diogenes selbst in Hamburger Clubs auf, verschickte als *DJ Nervquake* zu seinen Veranstaltungen kultige Newsletter, die mit dem Satz begannen: *„Wer tanzt wird erschossen."*

Als gelernter Funk- und Fernsehtechniker hatte er sich zu Hafenstraßenbesetzerzeiten immer mehr in Livesound und Technik eingearbeitet und war eine feste Größe in der Szene. Aber wenn man versuchte, ihn zu erreichen, meldete sich meist der AB mit folgender Ansage: *„Diogenes, kann gerade nicht oder will gerade nicht. Ansonsten gilt aber: Kein Bild, kein Ton, ich komme schon."*

Der Grund, weswegen Diogenes gerade so brüllte, war rein taktischer Natur. Der alte Punker hatte sich im Laufe der Jahre angewöhnt, immer dann, wenn er komplett im Unrecht war, seine Gegenüber durch möglichst viel Gebrüll und Lärm dermaßen zu verwirren, dass diese sich am Schluss gar nicht mehr sicher waren, worum es bei dem Streit eigentlich ging.

Letztlich ging es auch gar nicht darum, ob Diogenes nun scheißen gehen durfte oder nicht, sondern es ging vielmehr darum, dass jedes Mal, wenn Diogenes eine Tankstellentoilette aufsuchte, mindestens eine halbe Stunde verloren ging, weil er danach auch immer noch den Shop der Tankstelle aufsuchte und den Tankwart an der Kasse fragte: *„Was habt ihr denn hier so?"*

Manchmal hat man diese 30 Minuten aber nicht, vor allem dann nicht, wenn man auf Tour ist, abends in Süddeutschland spielen soll und vorher im Stau gestanden hat.

Diogenes aber war die Ruhe in Person.

Er hatte sich irgendwann ein Schriftstück erstellt, das er bei jeder passenden Gelegenheit vorzeigte.

Es war eine Lizenz zum Zuspätkommen. Laminiert.

Er hatte sie bereits am Morgen vorgezeigt, nachdem die Band eine Stunde im Bus auf ihn gewartet hatte. Das Pulver der Toleranz war also bereits verschossen. Aber Diogenes ging unbeirrt scheißen, und die Band beschloss einmal mehr, ihn irgendwann einfach mal an der Raststätte stehen zu lassen.

Wir kamen natürlich zu spät, und der Veranstalter war schon recht gereizt, aber wir spielten eine ordentliche Show mit gutem Sound, dank Diogenes. Der göttliche Funke sprang über, und wir lagen uns danach glücklich in den Armen.

Wir feierten, tranken und dankten unserem Schutzengel für die liebevolle Begleitung in den letzten Jahren.

Irgendwann um 7 Uhr stand die Band dann vor dem nächsten Tourhotel. *„Denkt daran, um 11 Uhr spätestens Abfahrt"*, sagte einer von uns in die Morgensonne. – *„Vor 15 Uhr kriegt mich hier keiner raus"*, konterte Diogenes und schloss schnell die Hotelzimmertüre hinter sich, bevor wir uns auf ihn stürzen konnten.

Es gab Zeiten in meinem Leben, da suchte ich einen Lehrmeister, von dem ich mir erhoffte, dass er mich unterweisen würde in der Kunst zu leben und auf meiner Suche nach Gott.

Ich suchte die Nähe zu lebenserfahrenen Menschen und versuchte, von ihnen zu lernen. Mein Traum wäre es gewesen, einen weisen Mentor zu finden. Ich suchte meinen persönlichen Jesus.

Irgendwann aber wurde mir bewusst, dass es keinen Lehrmeister oder Guru gab, der einem sämtliche Fragen beantworten konnte, wir waren alle Schüler und Lehrmeister zur gleichen Zeit. Lernten voneinander in der Gruppe, in unseren Konflikten und Auseinandersetzungen, während wir durch das verrückte Leben navigierten.

Diogenes, den ich in vielen Dingen bewunderte, war jemand, der mir diese Erkenntnis durch seine Art zu leben vermittelte. Auch wenn es manchmal im Tourbus knirschte. Ich lernte von ihm allerhand zum Thema Bedürfnisse.

Er konnte sich an einem guten Essen erfreuen, einem schönen Schlafplatz oder einem kühlen Feierabendgetränk oder an dem Genuss eines besonderen Musikstückes. Stundenlang konnte er mit Johnny Mocanelli über

Erscheinungsdatum und Sound diverser Metal-Platten diskutieren.

Ich versuchte, von dieser Art zu leben zu lernen.

Als Mensch hinter den Reglern hielt sich auch sein Geltungsbedürfnis in Grenzen, er behandelte mich immer auf Augenhöhe, obwohl ich zwanzig Jahre jünger war als er. Sein Kontaktspray und sein technisches Wissen halfen uns, auf der Bühne zu glänzen. In manchen Jugendzentren oder Clubs reparierte er gleich noch die Anlage mit. Alles in seinem Tempo. Er ließ sich nicht aus der Ruhe bringen.

Wir sind alle Lehrmeister und Schüler. Sünder und Heilige auf der Suche nach den Puzzlestücken, die uns weiterbringen auf unserer Suche nach dem Großen und Ganzen.

Das schaffen wir nur zusammen. – Es hilft, sich das immer wieder neu bewusst zu machen, denn es nimmt den Druck vom Kessel in einer sich immer schneller drehenden Welt.

DIE SUCHE GEHT WEITER

Die Zeit auf dem Kragenhof verging. Der Schnee wich langsam dem grünen Frühling. Auf den Feldern des Hofes wuchs das Getreide. Das Eis des Flusses, der sich wie eine blaue Schleife um die Getreidefelder legte, schmolz. Und es ging mir zunehmend besser. Nun, da ich aus meiner Stumpfheit wieder langsam erwachte, wollte ich sehen, was das Leben noch für mich bereithalten könnte. Ich fand eine kleine Hochschule, die einen Bachelor in Sozialer Arbeit anbot.

Es war die Kasseler CVJM-Fachhochschule, die sehr darauf hinarbeitete, Dinge zu vermitteln, die eine gewisse Alltagsrelevanz hatten. Professor*innen, die an dieser Fachhochschule lehren, müssen zuvor mindestens fünf Jahre in einem richtigen Beruf gearbeitet haben. Ich wollte mit Menschen ins Gespräch kommen, die das, was sie lehren, auch in der realen Welt erprobt hatten, keine vergeistigten Theoretiker, und ich wurde nicht enttäuscht.

Ich wurde immer stabiler, begann dank Dean wieder am Leben teilzunehmen. Machte Sport, schrieb Lieder, spielte Konzerte, begann meinen Körper langsam wieder zu spüren. Johnny Mocanelli hielt die Davidstraßenkommune weiter am Laufen, und ich öffnete mich wieder den göttlichen Schwingungen des Lebens. Der schwarze Hund war an der Leine. Das Lachen kehrte langsam in mein Leben zurück. Ich kam mit meinem Studium der Sozialen Arbeit gut voran, sodass ich in mein Anerkennungsjahr als Sozialarbeiter starten konnte.

Auch das finanzielle Überleben war somit gesichert, denn mir war klar, dass ich nur die Art von Musik machen wollte, hinter der ich mit vollem Herzen stehen konnte. Ich hatte früher bei anderen Bandprojekten gespielt, die kommerziell ausgerichtet waren, schnell war ich dort aber wieder ausgestiegen. Alles hatte sich falsch angefühlt. Ich hätte mir nicht vorstellen können, mit diesen Bands und der Musik Jahrzehnte auf Tour zu gehen. Da würde ich lieber noch anderweitig Geld verdienen, als mich von einem Plastiksystem abhängig zu machen, das bereit war, Künstler so zu schleifen, bis jede Kante glatt geschliffen war und nichts mehr von dem blieb, was sie ausgemacht hatte.

Natürlich waren wir als Band auch innerhalb dieses Systems unterwegs, aber wir versuchten immerhin erfolgreich, nicht alles mit uns machen zu lassen. Booking und Management verdienten ihren Teil, auch die Tourbusvermietung, aber am Ende blieb nicht mehr viel übrig für die Band, obwohl wir in der Szene relativ bekannt waren und es sogar immer mal wieder in die Charts schafften.

Ich erinnere mich an ein Gespräch mit unserem schwäbischen Management, das hinter der Bühne bei irgendeinem Festival im Saarland geführt wurde:

„Du musch des mit der Band als langfrischdige Inweschdition sehn. Stell dir mal vor 's geht irgendwann bald richtig ab, i kauf mir a neu's Audo und du kannsch dir dann auch logger a Fahrrad leischde …" – Ich hörte nicht weiter zu und dachte mir nur: Sollte es nicht eigentlich umgekehrt sein? Für die Musiker die Autos und für die Manager die Fahrräder?

In jedem Fall wurde mir immer mehr bewusst, dass wir so, wie wir Musik machten, schwerer auf einen grünen Zweig kommen würden. Auch wenn wir ab und zu in die Charts rauschten und uns live vor keiner Band verstecken mussten, wir blieben unangepasst.

Gott sei Dank!

Mit unserer Musik und unseren Texten konnte ich – das wusste ich, ohne mich schämen zu müssen – alt werden.

Für mich war es außerdem immer wichtig, auch in den Bereichen des Lebens tätig zu werden, in die keine fröhliche Musik dringen konnte. Wo nichts mehr schwang.

Für mich waren Konzerte die Chance, in die Ewigkeit abzuheben und diese Leichtigkeit und Verbundenheit zu spüren, die das Leben lebenswert machen. Das war schon immer so. Auch in der Zeit, als ich mit meinem Rudel noch ganz ohne Management und DIY unterwegs gewesen war. In einer Zeit, in der der Himmel blau war und die Wolken in weiter Ferne.

ALTER BRIDGE
DEICHKIND

ERSTE MALE

Damals, als ich das erste Mal einen Fuß in den magischen Tourbus setzte und in das Punkrockuniversum eingesaugt wurde, war es um mich geschehen.

Ich hatte nicht nur eine, sondern viele Bands gleichzeitig. Wir unternahmen abenteuerliche Touren. Ohne Geld, ohne Hotelzimmer, ohne Booker, ohne Label – DIY. Es fühlte sich an wie eine kleine Familie, eine Gemeinschaft, die die gleichen Werte und Ansichten teilte. Wir waren jung und noch nicht abgefuckt von den Schattenseiten des Tourzirkus. Da war der Zauber, der jedem Anfang innewohnte, über den schon Hermann Hesse geschrieben hatte und der uns über die Verkehrsadern der Republik fliegen ließ. Mit unserem klapprigen Van.

Da war die erste selbstproduzierte EP, aufgenommen auf dem platten Land in den *Freezer Studios*, in denen es angeblich spuken sollte. Betrieben von einem Punker mit goldenem Herzen und der Lieblingsfarbe Grau. Wir durften aufnehmen so viel und so lange wir wollten. Für uns war es das Paradies auf Erden. Wir arbeiteten wie besessen an unseren Songs, tranken Kaffee mit Kaffeeweißer und glotzten uns durch eine stattliche Sammlung an Zombie-Filmen. Und zwischendurch immer wieder Auftritte in besetzten Häusern, Jugendzentren, kleinen Clubs, Wohnzimmern, Festivals, mit Chili con Carne und Übernachtungen unter den Tresen oder bei anderen Musikern der Republik.

Der erste Plattendeal war auf dem Label „Long Beach Records Europe", zu dem wir aufgeregt nach Berlin fuhren und bei Herzensmensch Gernot im legendären *Wild at Heart*-Club den Bandübernahmevertrag unterzeichneten. *„Ich habe ein richtig gutes Gefühl"*, sagte unser Bassist und seine Augen funkelten wie zwei Sterne in der Nacht.

Wir begannen uns einen Ruf in der Szene zu erspielen und erlebten gemeinsam viele weitere erste Male Licht und Schatten.

Da war die erste Schlägerei, die bei einem Konzert ausbrach, weil im Publikum ein Betrunkener anfing, andere Konzertbesucher in den Rücken zu treten. Im Festsaal des alten Gasthaus Löwen, vollgepackt mit 300 Dorfpunks. Ein großer, aus Hamburg mitgereister Punk schnappte sich irgendwann den Treter, packte ihn mit einer Hand am Kragen seines T-Shirts, während er mit der anderen Hand stoisch eine Bierflasche hielt. Dann zog er den verdutzten Kandidaten zu sich und ließ ihn direkt in seine ausgestreckte Faust laufen, die das T-Shirt des Drunksters festhielt. Die Übung wiederholte er einige Male, während er mit der anderen Hand immer wieder wütende Schlucke aus der Bierflasche nahm. *„Du"* – Boing – *„benimmst dich"* – Boing – *„hier"* – Boing – *„gefälligst"* – Boing. Irgendwann ließ er das T-Shirt los und der Rückentreter eierte verdutzt von der Tanzfläche an die Bar und bestellte auf die Tracht Prügel zwei Heidegeist-Schnäpse. Er sah ein wenig aus, als hätte man ihn durch einen überdimensionierten Flipperautomaten geschossen. Es war wie in einem Bud-Spencer-Film.

Der erste Konzertabbruch aufgrund von Nazi-Präsenz ließ nicht lange auf sich warten. Auch nicht das erste gemeinsame Konzert mit Bands, die wir liebten und bewunderten, wie der New Yorker Punkband *Star Fucking Hipsters*.

Wir spielten auf dem Dachboden eines besetzten Hauses in Leipzig. In der Mitte des Raums ragte ein Rohr aus dem Boden, aus dem es bestialisch stank. Nach einer halben Stunde hatte man sich aber an den Geruch gewöhnt. Als die *Star Fucking Hipsters* ihr Konzert begannen, drehte der Dachboden kollektiv durch. Die Kombination der mehrstimmigen Gesänge von Stza und der Sängerin Nico de Gaillo, die rohe und doch melodische Live-Energie der Band, ich war glücklich.

Neben mir auf der Tanzfläche rollte *P Dog* vorbei, wilde Rückwärtsrollen und exzessiver Ausdruckstanz. *P Dog* war in seinem Element. Nach der Show feierten wir in der Wohnung unter dem Dachboden weiter. Ein Punker kam mit einem Tablett Speed um die Ecke, stolperte, riss reflexmäßig die Arme nach oben und das Pulver verteilte sich wie eine große, weiße Wolke im Raum. *„Och nöhööö, das wor'n gesamder Monadslohn"*, sächselte er frustriert und suchte Trost in unseren Armen. Am nächsten Morgen frühstückten wir auf dem Dach des Squads, die Sonne schien und wir spürten den Atem der langsam erwachenden Stadt.

Jedes erste Mal, das wir als Band gemeinsam erlebten, war etwas Besonderes. Es war rein und unbeschwert, wie ein Kind, das seine ersten Schritte macht, zum ersten Mal Eis schmeckt oder glücklich im Wasser spielt. Alles, was sonst schwer war, wurde leichter, und das Gefühl, Teil einer Gemeinschaft zu sein, die zusammensteht, habe ich in diesen Jahren stark und wild gespürt.

Einiges davon ist geblieben, wurde Teil der großen Sehnsucht, die mich heute noch jeden Tag losgehen lässt.

„In den Straßen wird getanzt,
alle Augen voller Glanz,
Bässe pumpen,
Gruppenschunkeln
raven gegen Angst.

Du drehst dich im Kreis,
hast dein Lachen befreit,
der ganze Körper zittert,
weil die Anspannung weicht.
Da brennt ein Feuer des Friedens,
du kannst es kaum fassen,
sie gießen aus Waffen
den Grill für den Garten.

Freiheit liegt in der Luft,
atmest tief diesen Duft
in der Stadt voller Glanz,
alles tanzt.

Wir sind Utopia,
willkommen und bleib.
Wir sind Utopia,
du bist nicht allein.“

Song: Utopia

N.E.M.A.S.
Hardcore

UNSER KREUZ HAT KEINE HAKEN

Rassismus ist eine Krankheit, sie hat die Eigenschaft, auch die Menschen, die eigentlich eine bunte Welt gut finden, mit Angst zu infizieren. Sie geht subtil vor. Schleicht sich langsam in die Köpfe und die Herzen und nimmt ihnen Stück für Stück alle Schwingungsfähigkeit.

Erstarrte Menschen verstummen, wenn es darum geht, aktiv zu werden oder den Mund aufzumachen. Vor allem in den Momenten, in denen andere Menschen diskriminiert werden, wird das deutlich.

Eine gesunde Spiritualität weiß um dieses Problem und ermöglicht, schwingungsfähig zu bleiben. Sie lässt sich von rechtem Gedankengut nicht indoktrinieren. Sie geht durch die Angst.

Als Hamburger Ska-Punkband versuchten wir seit vielen Jahren immer wieder gegen diese Erstarrung anzutanzen.

Ich erinnere mich an viele wichtige Konzerte, bei denen wir ein klares Statement setzen konnten.

Ich habe Angst vor einer Gesellschaft, die verstummt und von der Angst regiert wird.

Eine Gesellschaft, in der nur die Starken überleben.

Am 2. Juni 2012 wollten Nazis im ganzen Bundesgebiet unter dem rassistischen und menschenverachtenden Motto *„Tag der deutschen Zukunft – unser Signal gegen Überfremdung"* auf die Straße gehen. Auch für Hamburg hatte sich der braune Mob angekündigt. Glücklicherweise schlief das Hamburger Bündnis gegen Rechts nicht und organisierte im Vorfeld einige Gegenaktionen, die sich gewaschen hatten. Wir durften auch mitmachen. Gemeinsam rührten wir mit den Bands *Frittenbude, Kettcar* und dem Schauspieler Robert Stadlober die Werbetrommel für die musikalische Aktion „AufMUCKEngegenNazis". Aus der *Roten Flora* auf dem Hamburger Schulterblatt wurde eine Bühne gebaut und eine Open-Air-Tanzparty gegen Rechts geschmissen, die die gesamte Sternschanze in Schwingung setzte. Das ganze Schulterblatt quoll über vor Menschen, die keine Lust hatten, braunes Gedankengut in Hamburg zuzulassen. Es war gigantisch, wir spielten wie entfesselt. Unser Posaunist, der auf seiner Posaune zwischen den Einsätzen traditionell immer Luftgitarre spielte und simultan Hochfrequenz headbangte, war an diesem Tag so motiviert, dass er bei dem Stück *Zombie Che* für einen Moment in Ohnmacht fiel und mit einem langgezogenen *„Oi!"* auf seinem Arsch landete. Glücklicherweise war er danach sofort wieder einsatzbereit und wir gingen glücklich von der Bühne. Nach uns spielte dann die Band *Deichkind* und wir stiegen auf das Dach der *Roten Flora*, um uns aus der Adlerperspektive die Show anzusehen.

Es. War. Gigantisch.

Waren bei uns die ersten 30 Reihen in Schwingung geraten, schaffte es *Deichkind*, mit ihren brutalen Bässen das gesamte Schulterblatt in eine tanzende und schwingende Masse zu verwandeln. Man konnte von oben förmlich sehen, wie die Schallwellen aus den Boxen die Menschen schwingen und vibrieren ließen wie eine große Bassmembran. Ich war für einen Moment auf Wolke 7.

Mir war aber auch klar, dass es in Großstädten wie Hamburg immer wesentlich einfacher war, eine amtliche Welle gegen Rechts zu schieben, es gab viele Verbündete. Je weiter man aber aufs Land ging, desto aufwändiger wurde es, in großem Stil gegen Rechts zu mobilisieren.

Wobei manchmal auch da unerwartete Wunder geschahen.

DAS WUNDER VON JAMEL – TANZEN GEGEN DIE ANGST

2012 – ein kleines Dorf zwischen Wismar und Grevesmühlen: Jamel. Knapp 40 Einwohner. Die Mehrheit davon gehört zur rechten Szene. Aber nicht alle. Ein kleiner gallischer Forsthof leistet seit 2007 Widerstand und organisiert einmal im Jahr ein Rock-gegen-Rechts-Konzert mit dem schönen Titel „Jamel rockt den Förster". Es ist das Ehepaar Lohmeyer, das sich vor Ort grade macht. Irgendwann sind sie hierhergezogen, aus Hamburg. Haben den St.-Pauli-Spirit dorthin getragen, wo er nötig war.

Ich weiß noch genau, wie befremdlich es war, durch dieses kleine Dorf zu fahren, in dem kollektiv der Geburtstag von Adolf Hitler gefeiert wurde, inklusive dem Hissen von Reichskriegsflaggen.

Ich erinnere mich noch an den wunderschönen Hof: roter Backstein mit grün gestrichenen Holzfenstern und einem großen Garten. Dort standen ein Bierwagen und eine Bühne. Ich schätzte, dass insgesamt 100 Besucher gekommen waren. Ein Polizeiwagen parkte direkt vor dem Festivalgelände.

„Sind ziemlich wenig Festivalbesucher, kann gut sein, dass das heute noch unschön wird. Wir sollten auf alles vorbereitet sein …", sagte Johnny zu mir, als wir aus dem Tourbus stiegen. Da wir allerdings auf nichts vorbereitet waren, war die einzige Maßnahme, die wir noch ergreifen konnten, uns Holzknüppel aus dem angrenzenden Wald zu besorgen und sie hinter der Bühne griffbereit zu lagern … *„Nur für den Fall, dass wir heute Nacht angegriffen werden."*

An diesem Ort war jedem Besucher und jeder Band bewusst, die Buntheit war hier nicht unbedingt in der Überzahl. Hier könnte es durchaus brenzlig werden. Das wurde umso deutlicher, als die Sonne unterging und hundert Meter entfernt vom Festivalgelände Feuer entzündet wurden und hässliche Vaterlandsgesänge ertönten. Die Gegenveranstaltung der Nazi-Dorfbewohner begann.

Als wir auf die Bühne gingen, um alles, was wir hatten, in unsere Musik zu legen, sah ich die roten Rücklichter des Polizeiautos langsam vom Hof rollen. Die Beamten machten Feierabend. Unweigerlich dachte ich an meinen Knüppel, der hinter der Bühne lag. Dann setzten die Drums ein und wir entfesselten unseren Sound. Mit den ersten Akkorden wich alle Angst und auch das Publikum gab alles. Ich war glücklich.

An diesem Abend kam es zu keinen Ausschreitungen, die Stimmung war zwar angespannt, aber die Knüppel blieben kalt und die Revolution wurde getanzt. Als wir zu unserem nächsten Gig Richtung Berlin starteten und wir den Veranstaltern noch einmal zum Abschied zuwinkten, fühlte ich mich schrecklich. Ich hatte das dumpfe Gefühl, die Veranstalter im Stich zu lassen. Wir als Band waren für einen Abend in diese Gegend gekommen, hatten unser Set gespielt, die Fäuste in den Himmel gereckt und verpissten uns am nächsten Tag schon wieder ins sichere Berlin. Das fühlte sich irgendwie beschissen an.

„Besser als nichts", versuchte ich mir einzureden. In diesem Moment war ich froh, dass ich neben der Musik auch noch an anderen Orten für eine bunte Welt aktiv werden konnte.

Ich dachte noch lange an dieses besondere Konzert. An die Atmosphäre des Hasses und die Spannung, die dort in der Luft lagen.

Einige Zeit später brannte die Scheune des Hofes ab, die Polizei fand in den verkohlten Trümmern Brandbeschleuniger. Das war es jetzt für den Hof, dachte ich. – Vermutlich dachten das auch diejenigen, die den Brandbeschleuniger benutzt hatten.

Doch das Gegenteil war der Fall.

Ein Wunder geschah. Alle Medien berichteten über die brennende Scheune in Jamel. Eine Welle der Solidaritätsbekundungen aus ganz Deutschland schwappte über den kleinen Hof. Und wie ein Phönix aus der Asche der bis auf die Grundmauern niedergebrannten Scheune entstand nun innerhalb kürzester Zeit eines der wichtigsten Festivals in Deutschlands gegen Rechts. *Die Toten Hosen* kamen und spielten, die Besucherzahlen explodierten in die Höhe auf 3.000 Menschen, eine neue Bühne wurde gebaut, und heute ist das Festival nach 30 Minuten Kartenverkauf meist schon ausverkauft.

Seit dem Brand geben sich die größten Bands Deutschlands dort die Klinke in die Hand. Außerdem sind durch die Medien mittlerweile viele andere kluge Menschen auf Jamel aufmerksam geworden. Die Zeit der Ruhe und der ungestörten Aggression ist für den braunen Mob in dieser Siedlung vorbei.

Manchmal bewirkt ein Kanister Hass eben einen Flächenbrand der Liebe.

Mich überkommt jedes Mal ein wohliger Schauer, wenn ich an unser Konzert mit den hundert trotzigen Tänzern denke. Und erst recht, wenn ich jedes Jahr die Menschenmassen auf den Bildern aus Jamel sehe, die deutlich machen:

Hass ist niemals der richtige Weg.

FREISCHWIMMER

„Schwimm weiter,
Freischwimmer.
Schwimm dich frei,
keiner hat je gesagt,
es würde leicht sein.
Freischwimmer,
schwimm dich frei“

Song: Freischwimmer

„Ein jegliches hat seine Zeit, und alles Vorhaben unter dem Himmel hat seine Stunde: Geboren werden hat seine Zeit, sterben hat seine Zeit; pflanzen hat seine Zeit, ausreißen, was gepflanzt ist, hat seine Zeit; töten hat seine Zeit, heilen hat seine Zeit; abbrechen hat seine Zeit, bauen hat seine Zeit; weinen hat seine Zeit, lachen hat seine Zeit; klagen hat seine Zeit, tanzen hat seine Zeit …“

Prediger 3,1-4

Meine Zeit auf der Insel der Glückseligen ging zu Ende. Ich konnte es noch nicht ganz greifen, fühlte aber, wie sich etwas meiner Seele näherte, schemenhaft und unklar – wie der morgendliche Nebel, der an manchen Tagen über den Wassern des Flusses schwebte. Der sich langsam über die Felder zu den Häusern des Hofes aufmachte. Irgendwann alles schemenhaft umhüllt, selbst die Klänge der Natur dumpf werden ließ.

Es war eine innere Unruhe, die sich in mir ausbreitete, den inneren Frieden störte, mich rastlos werden ließ – besonders in den Momenten, in denen ich nichts zu tun hatte.

Eines Morgens, als ich von meiner Bäckerstour zurückgekommen war und die Ladefläche des kleinen Transporters ausfegte, spürte ich sie wieder in mir aufkommen.

Ich beschloss, noch einmal durch den Wald und über die Staustufe zu joggen, in der Hoffnung, alles auszuschwitzen und ruhig zu werden. Folgte dem Flussarm der Fulda immer weiter, wie er sich um den Kragenhof legte.

Ich war die Strecke schon oft gelaufen, aber an diesem Morgen war etwas anders als sonst ... Die Unruhe wurde stärker. Ich spürte ein Ziehen in mir, so stark wie ich es noch nie gespürt hatte.

Ich blickte auf den Flusslauf, er war breit, und das Wasser floss schnell. Auf der anderen Seite sah ich die Lichter des langsam erwachenden Kragenhofes im Morgengrauen.

Ich rannte vom Weg ab, es zog mich direkt ins Wasser, in voller Montur schwamm ich los.

Das Wasser war eiskalt, und mit jedem Zug gegen die Strömung bemerkte ich, wie mein Kreislauf weiter nach unten fuhr. Die mit Wasser vollgesogenen Schuhe wurden immer schwerer.

Ich blickte zurück an das Ufer, von dem ich gestartet war, und dann wieder Richtung Kragenhof.

Ich war genau in der Mitte des Flusses, es war zu beiden Seiten gleich weit.

Die Unruhe wich der Furcht. Was hatte mich da geritten?

Ich sah schon die Schlagzeile im Lokalteil der Kasseler Nachrichten: „Born to be borniert: Unwissender Großstädter ertrinkt mit Kälteschock aus eigener Dummheit in der Fulda."

Ich schwamm weiter Richtung Kragenhof, ich hatte das Gefühl, um mein Leben zu schwimmen.

Es wurde immer kälter in mir. Zug um Zug. Meter für Meter. Ich spürte meinen Herzschlag, versuchte meinen Atem zu kontrollieren. Ruhig zu bleiben.

Irgendwie schaffte ich es auf die andere Seite. Mehr tot als lebendig schleppte ich mich auf den Hof. Dort kauerte ich mich unter die heiße Dusche, bis wieder etwas Leben in meinen Körper zurückkehrte. Dann geschah es, während ich in der Duschwanne saß, die Knie an meinen Körper gezogen und meinen Kopf an die weißen Duschkacheln gelehnt: Der innere Nebel löste sich, die Unruhe wich, ich wusste, was zu tun war.

Einer Sache hatte ich mich noch nicht gänzlich gestellt. Nun war ich bereit dafür.

Ich teilte der Hofgemeinschaft meine Entscheidung mit.

Ich würde weiterziehen, mich den noch übriggebliebenen Herausforderungen stellen, bis ich mich noch mal den alten Dämonen stellen würde. **Es war Zeit, dem inneren Ziehen zu folgen.**

Dean verstand mich ohne Worte.

Ich war endlich wieder bereit zu fühlen.

Es gibt so vieles im Leben, was wir nicht in der Hand haben. Das bisschen, was wir tun können, ist zu versuchen, alles daran zu setzen, schwingungsfähig zu bleiben für das, was uns im Leben widerfährt und widerfahren will. – Gutes wie Schlechtes.

Es ist eine Lebensaufgabe, und die Wege zur eigenen Schwingungsfähigkeit sind nicht immer klar. Das macht es manchmal kompliziert.

Mir hatte die Natur geholfen, auch die Zeit und die Liebe verschiedener Personen. Endlich konnte ich wieder die Fenster der Seele öffnen für den göttlichen Wind, der weht, wo er will.

Ihn wieder spüren zu können, war ein großes Geschenk. Gleichzeitig wurde mir bewusst, dass ich mit einer Sache meinen Frieden machen musste, bevor ich mich der Zukunft gänzlich öffnen konnte.

Es ging um nichts Geringeres als die Liebe.

Ich musste dazu nach China. Es wurde eine der schönsten und auch traurigsten Reisen, die ich machen sollte.

„... suchen hat seine Zeit, verlieren hat seine Zeit; behalten hat seine Zeit, wegwerfen hat seine Zeit; zerreißen hat seine Zeit, zunähen hat seine Zeit; schweigen hat seine Zeit, reden hat seine Zeit; lieben hat seine Zeit, hassen hat seine Zeit; Streit hat seine Zeit, Friede hat seine Zeit."

Prediger 3,6-8

ÜBER DEN TEICH, IN DIE VERGANGENHEIT

„Du wachst auf aus deinem Koma.
Wie lang warst du weg?
Irgendwas ist anders heute,
irgendwie perfekt,
das Negative kommt keinesfalls an dich ran.

Lässt dir den Bart stehn, fliegst nach Süden,
wirst zum Dharma Bum
und irgendwann wirst du entrückt
in die Wolkenstadt des Glücks
und solange tanzt du Tango
mit dem Flusslauf,
lachst bis zum Schluckauf.

Das ist das Hügel auf und Hügel ab,
das Leben ist oft spiegelglatt.
Wer bügelt diese Hügel glatt
und rettet diesen miesen Tag?
Singe lieber leise Liebeslieder,
laufe nicht auf Grund, denn
irgendwann kommt er bestimmt – der Wendepunkt."

Song: Der Wendepunkt

Selina erwartete mich am Flughafen in Peking. Ich spürte sofort wieder unsere alte Verbindung zueinander. Wir waren jung zusammengekommen. Noch zu Schulzeiten. In diesem kleinen Ort am Bodensee. Gaienhofen, auf der Halbinsel Höri gelegen. Legenden besagen, dass bei der

Schöpfung der Welt Gott den Untersee und die Halbinsel zuletzt formte und zufrieden seufzend nach getaner Arbeit gesagt haben soll: „Hier hör I auf.“

Noch heute zieht es mich in regelmäßigen Abständen an diesen magischen Ort am Untersee, mit dem ich ewig verbunden sein werde.

Der See ist und bleibt ein Mysterium, an dessen Farben man sich nicht sattsehen kann und bei gutem Wetter sieht man von der kleinen Kirche St. Johann in Horn bis hin zu den schneebedeckten Alpen. Ich kann verstehen, dass sich Menschen wie Hermann Hesse und Otto Dix hier niedergelassen haben. Auch wenn ich erst später die Bücher von Hermann Hesse lesen sollte, der ein paar Häuser weiter von meinem Internatszimmer gelebt hatte.

Damals mit 16 Jahren hatte ich den Vorhof dieses Pilgerorts nur ab und an aufgesucht, um etwas Ruhe vor der harten Hackordnung der Internatsgemeinschaft zu bekommen. Ich war damals aufgrund großer Differenzen mit dem Lehrkörper des humanistischen Gymnasiums in Tübingen an die evangelische Internatsschule gekommen. Wurde stark versetzungsgefährdet und voller Selbstzweifel und Ängste im damaligen Günther Adolpheim III abgesetzt.

An diesem Ort lernten wir uns kennen.

Mit 18 wurden Selina und ich ein Paar. Gingen gemeinsam auf Punk- und Oi-Konzerte. Liebten und küssten uns wie 18-Jährige. Ich erinnere mich noch an ihre 12-Loch-Doc Martens und den Lagerfeuergeruch in ihren Haaren. In ihre Schnürsenkel hatte sie ein Glöckchen gehängt, sodass ich, wenn sie sich nachts auf mein Internatszimmer schlich, bereits auf dem Flur hören konnte, dass sie es war.

Nach dem Abitur entschied sich Selina dazu, Sinologie in Freiburg zu studieren. Oft beneidete ich sie um ihre Zielsicherheit. Während ich mich in Tübingen durch die alten Sprachen Hebräisch und Altgriechisch quälte und ständig daran zweifelte, das richtige Studienfach gewählt zu haben, lernte sie die lebendige Sprache Chinesisch.

Wie sehr ich aber spirituell von ihrem Studium profitieren sollte, konnte ich damals noch nicht erahnen, erst in Hamburg stolperte ich in eine Vorlesung für ostasiatische Philosophie und vertiefte mich aufgeregt in die Welt des Daoismus. Ich liebte den praktischen Alltagsbezug dieser Philosophie, bei der es unter anderem darum ging, sich ganz in den Fluss des Lebens fallen zu lassen und im Moment zu leben. „Wu Wei praktizieren" nennen es die Daoisten, also „nicht eingreifen" in den lebendigen Strom des Lebens.

Ich fühlte mich an die Sätze alter abendländischer Philosophen erinnert – an Seneca, den ich damals in die Hand genommen hatte, gegen meine Angst zu versagen.

Oder tröstende Sätze wie von Marc Aurel: *„Wir müssen von ganzem Herzen alles, was uns trifft, willkommen heißen, wir dürfen auch innerlich nicht murren, ja uns nicht einmal wundern."*

Die Stoiker halfen mir damals, den schwarzen Hund zu streicheln und nicht mit meinem Schicksal zu hadern. Aber sie waren längst tot. Antik. Zu Staub zerfallen.

In China aber lebte man den Daoismus noch. Die Lehre von Yin und Yang. Tai-Chi, Qigong, so viele Menschen auf der Suche nach der Ewigkeit im Hier und Jetzt. Durch Selina wurde mir eine Welt eröffnet, die ich sonst nie kennengelernt hätte. Mehrmals begab ich mich mit ihr auf Reisen durch China. Immer wieder hatte ich Erlebnisse, die mich auf meinem spirituellen Weg weiterbrachten.

DAS WŬDĀNG SHĀN-GEBIRGE

Wir reisten mit dem Nachtzug durch die weiten Landschaften Chinas. Entflohen der Welt des Staubes in der Hard-Seat-Klasse, um Geld zu sparen. Über mir im Gepäckfach hatte sich jemand zum Schlafen zusammengerollt, während meine angewinkelten Beine auf einem Hühnerkäfig ruhten, der unter meine Füße geschoben war. Ich bebte vor Aufregung, denn wir reisten Richtung Wŭdāng Shān-Gebirge, der Geburtsstätte der inneren Kampfkünste.

Die Berge hatten aufregende Namen: Der Berg der Mysterien und der Berg des großen Friedens waren für ihre Heilkräuter und Wurzeln bekannt. Wir reisten in einer Zeit, in der kaum Touristen unterwegs waren, und so entfaltete sich das Gebirge in all seiner mystischen Schönheit.

Wir stiegen auf und überquerten die Brücke der Unsterblichen. Immer wieder schälte sich aus dem Nebel die Kontur einer alten Klosterruine mit verlassenen Innenhöfen und in erdigem Rot gestrichenen Mauern. Einmal raschelte es in den Büschen am Wegesrand. Eine kleine Fontäne aus Blättern und Erde wurde auf den Weg geschleudert, unterbrochen von einem hohen, kurzen Jauchzer der Freude: „*Juhhhhuuuuiii.*" Kurze Zeit später schälte sich ein alter Mönch mit blitzenden Augen aus dem Gebüsch und nickte uns im Vorbeigehen grinsend zu. In der Hand hielt er eine erdige Wurzel, über die er hocherfreut zu sein schien.

Wir übernachteten bei einem Bergbauern, der uns ein Bett und Frühstück anbot. Der hereinbrechende Abend tauchte die Berge in ein blaues Licht. Das Frühstück am nächsten Tag bestand aus Brei mit Bergpilzen. Danach stiegen wir weiter auf und kamen an einer Einsiedelei vorbei, vor der viele doppelbauchige Flaschenkürbisse gepflanzt waren.

Es schnurrte an allen Ecken und Enden, denn die Einsiedelei schien vor allen Dingen von Katzen bewohnt. Dann kam ein alter Mann an die Tür. Er strahlte über das ganze Gesicht und verneigte sich vor uns. Er erklärte, dass die Flaschenkürbisse Wu Lou hießen und ein beliebtes Heilmittel bei allen Menschen seien, die Feng Shui praktizierten. Der Flaschenkürbis symbolisiere Himmel und Erde und harmonisiere außerdem schlechte Chi-Energie.

Er schenkte uns noch ein herzerfüllendes Lachen und wir zogen weiter. Irgendwann rief uns die Welt des Staubes wieder zurück. Peking wartete auf uns, doch was wir in den magischen Bergen erleben durften, trage ich bis heute im Herzen.

„Langsamer, Wanderer, langsamer,
selig wird sonst meist ein anderer.
Predigt die Straße dem Rennenden,
flüstert das Wasser dem Brennenden.

Langsamer, Wanderer, langsamer,
komm und setz dich doch einmal zu mir.
Wind weht im Wipfel des Himmelszelts,
Sterne, die glühn, bis der Vorhang fällt.

Lügengedichte auf Pergament,
echte Gefühle, die jeder kennt.
Langsamer, Wanderer, langsamer,
komm und setz dich doch einmal zu mir.

Salzige Tränen der Seligkeit
tragen davon, was an Ballast bleibt.
Dankbar kann sein, wer die Sonne spürt.
Weg, der mich direkt ins Leben führt.

Langsamer, Wanderer, langsamer,
komm und setz dich doch einmal zu mir.“

Song: Der Wanderer

DER SHAOLIN MÖNCH

Unsere nächste Reise führte uns in die Wiege der chinesischen Zivilisation, die Provinz Henan und das dort in den Bergen gelegene Shaolin-Kloster. Die dort lebenden Mönche waren nicht wie erwartet in prächtiges Orange gehüllt, sondern begegneten den Besuchern dort in unauffälligen grauen Mönchskutten. Ehrfürchtig schauten wir auf den Steinboden der Trainingshalle, in dem viele Mönchsfüße durch zahlreiche Körperübungen Furchen und Vertiefungen hinterlassen hatten. Der zweite Teil des Klosters widmete sich der Heilkunde.

Hinter dem Kloster führte eine steile in den Felsen gehauene Treppe hoch in die Berge – hin zu der Höhle, in der Bodhidharma, der Gründer des Klosters, neun Jahre meditiert haben soll. Das Ende der Treppe verschwand in den Wolken.

Als wir den Aufstieg begannen, kam auf einmal etwas aus der Wolke oben am Berg und flog in wahnsinniger Geschwindigkeit auf uns zu. Zuerst dachte ich an eine riesige, fliegende Eidechse. Irgendwann aber erkannte ich die Silhouette eines Shaolin-Mönchs der mit dem Kopf voran auf Händen und Füßen die Treppen herunterschoss.

Mein ganzer Körper reagierte. Ich bekam eine Gänsehaut bis zu den Zehen. Mir wurde klar, dass die transformative Kraft der Liebe nicht nur durch den Geist, sondern auch durch den Körper erfasst werden musste. **Spirituelle Entwicklung bedeutete also nicht nur, den Geist, sondern auch den Körper, zu schulen.** – Ein Aspekt, der an der Universität und auch später in meiner Ausbildung zum Pastor zu kurz kam.

Als wir auf dem Berg angekommen waren, stand dort ein weiterer Mönch vor mir, verneigte sich und ergriff meine Hände. Er sah mir in die Augen, dann drückte er meine Handfläche an zwei Stellen und ein warmer Energieschub fuhr durch meinen ganzen Körper. Ich weiß nicht genau, was er da damals gemacht hat, ich weiß nur, es war wunderschön.

Es ist ein Fehler, den Körper bei unseren spirituellen Erfahrungen auszublenden.

Jedes Mal, wenn wir Gottesmomente erleben, erleben wir sie ganzheitlich.

Später, als ich bei meiner Ordination zum Pastor auf den Treppen des Lübecker Altars kniete, berührten mich die Worte unserer Hamburger Bischöfin sehr, als sie mich den Gottesdienstbesuchern vorstellte, indem sie sagte: *„Ulf Werner geht es im Glauben ums Ganze, das Körper und Geist umfasst. Gott ereignet sich in der Tiefe des ganzen Seins.“*

Das habe ich damals in China gelernt.

DAS BUCH DER WANDLUNG

„Keine Ebene, auf die nicht ein Abhang folgt,
kein Hingang, auf den nicht die Wiederkehr folgt.
Ohne Makel ist, wer beharrlich bleibt in Gefahr.
Beklage dich nicht über diese Wahrheit,
genieße das Glück, das du noch hast.“[2]

Irgendwann stolperte ich auf meiner spirituellen Suche über das „I-Ging“, das Buch der Wandlung.

C. G. Jung, der mich zu einigen spirituellen Erkenntnissen führte, hatte das Buch in einem Briefwechsel mit Richard

2 I-Ging, unbekannter chinesischer Autor, Zitat aus Kapitel 11, „Tai / Der Friede“, *www.projekt-gutenberg.org/wilhelm/i-ging/nummer11.html*

Wilhelm, einem evangelischen Theologen, besprochen. Ich zitterte vor Aufregung. Ein evangelischer Pastor als Experte für eines der faszinierendsten Bücher, die ich je in der Hand gehalten hatte?

Aufgeregt grub ich in der Vergangenheit nach weiteren Informationen. Richard Wilhelm hatte wie ich evangelische Theologie in Tübingen studiert, hatte wie ich im evangelischen Stift gelebt, bedauerlicherweise bereits im Jahr 1891. Er war 1900 nach China aufgebrochen, aber nicht, um zu missionieren, sondern um zu lernen.

Er hatte nicht die Vorstellung, dass es einen richtigen und einen falschen Glauben gibt. Religion war nicht das Eigentum irgendwelcher religiöser Autoritäten, Gurus oder Institutionen. Religion gehörte allen Menschen. Er schrieb: *„Nicht mehr der Christ oder der Mohammedaner oder Buddhist, sondern der Mensch wird die Erscheinung der zukünftigen Religion sein.“*

Wie gerne hätte ich ihn kennengelernt. Seine Übersetzung des I-Ging wird heute noch von Sinologen genutzt. Und seine Biografie machte mir Hoffnung, dass ich vielleicht auch irgendwann meinen Platz in dieser verrückten Welt finden würde.

Später in meiner Ausbildung zum Pastor, dem sogenannten Vikariat, brachte mir ein faszinierender Mensch aus der Gemeinde, für die ich zuständig war, bei, wie ich das I-Ging befragen konnte. Mit bunten Perlen. Seitdem nutze ich es privat regelmäßig immer dann, wenn in meinem Leben Entscheidungen anstehen.

Die faszinierende Erkenntnis aus diesem besonderen Buch war für mich, dass die Antworten auf unsere Fragen an das Leben in uns selbst stecken. Unsere Aufgabe ist es vor allem, auf die Suche zu gehen. Wir können unsere Zukunft selbst beeinflussen, indem wir in der Gegenwart aktiv werden. Das klingt simpel, ich habe es aber nicht immer gelebt, war gefangen in meinen eigenen Denkzirkeln, in der Vergangenheit verhaftet oder zu sehr mit dem Kopf in den Wolken der Zukunft.

Ein neuer Anfang ist möglich. Wandlung ist möglich.

Das I-Ging wurde seitdem ein guter Begleiter für mich, immer wieder innezuhalten und zu fragen:

Was will das Leben eigentlich gerade von mir?

Bin ich noch glücklich oder muss ich etwas ändern?

Unser Lehrmeister sind wir selbst und das Leben. Ich hätte nie gedacht, das die chinesische Philosophie für mich ein wichtiger Schlüssel sein würde, den Schritt in den Beruf des evangelischen Pastors zu wagen.

„Ist das schon wirklich alles
oder geht alles vorbei?
Da vorne am Bahnhof
winkt die Traurigkeit.
Bin ich im falschen Film?
Ist das der letzte Akt?
Wollten wir nicht tanzen?
Warum komm ich aus dem Takt?
Heute steige ich nicht aus,
vielleicht springst du ja mit auf,
komm, wir fahren mit dem Nachtzug nach Paris.
Keiner lachte so wie du
oder flüsterte verrucht:
Komm, wir fahren mit dem Nachtzug nach Paris.“

Song: Nachtzug nach Paris

WU WEI

Zehn Jahre waren Selina und ich durch dick und dünn gegangen. Wir hatten uns Liebe geschworen, uns unterstützt, wo wir konnten, und versucht, uns allen Freiraum zu geben, um selbst wachsen zu können. Gleichzeitig waren wir eng miteinander verbunden, sodass wir genau spürten, was in dem anderen gerade vorging. Aber der schwarze Hund hatte nach seinem damaligen Angriff nicht nur mich gebissen, sondern auch das Band der Liebe, das uns so lange verbunden hatte, angerissen.

Seit Längerem fühlten wir, dass unsere gemeinsame Zeit dem Ende zuging, es war ein schmerzhafter Prozess, unsere zu einem Seil verknüpften Schicksalsfäden wieder zu lösen und auseinanderzuziehen, denn wir empfanden viel füreinander, obwohl wir genau wussten, dass unsere Zeit gekommen war. Wir konnten es nicht aufhalten. „Wu Wei", die Kunst des Geschehen-Lassens, war noch nie so schmerzhaft und die Zeile aus dem Prediger brannte sich immer tiefer in mein Herz:

„Ein jegliches hat seine Zeit, und alles Vorhaben unter dem Himmel hat seine Stunde."[3]

Nach unserer letzten gemeinsamen Reise durch China trafen wir uns einige Monate später in Hamburg wieder. Selina hatte sich weiterentwickelt, und ich war durch die letzten beiden Jahre nicht mehr der Gleiche wie zuvor. Früher hatten wir es immer wieder geschafft, uns dennoch wieder zu verbinden. Dieses Mal fanden wir nicht mehr zusammen.

Als der letzte Faden mit einem schmerzhaften Ziehen riss wie eine Gitarrensaite, spürten wir es beide, obwohl wir an unterschiedlichen Orten unterwegs waren. Als wir uns das nächste Mal gegenüberstanden und in die Augen sahen, wussten wir, es war vorbei.

Wir umarmten uns und begannen zu weinen.

Sie zog nach Berlin, fand einen neuen Freund.

Ich blieb in Hamburg und versuchte loszulassen.

3 Prediger 3,1

„Ich war dumm,
nicht nur ein bisschen, sondern sehr.
Jetzt schau ich stumm
dem Umzugswagen hinterher
und auf einmal ist die Sintflut um mich.
Sag, wo kommt das Wasser her?
Ich weiß, ich war dumm und zwar sehr.

Denn der Ast, an dem ich sägte,
war der Mast, der mich bewegte,
und seitdem komm ich mir wie ein Trottel vor,
denn mein Segel treibt im Teich
und die Haie kommen gleich
und die Möwen kreischen.
Nimm es mit Humor,
jetzt sitz ich hier
auf meinem Floß aus Toast
und frage mich:
Was mach ich ohne dich bloß?
Wieso war ich nur so doof?
Warum ist mein Floß aus Toast?
Ja, ich war dumm wie Brot und zwar sehr.
Ich wünschte mir, es könnte wieder besser werden,
wir hörten endlich auf mit Messerwerfen.
Vielleicht kitten wir den Mast und fahr'n der Sonne hinterher,
das wär schön, das wär schön und zwar sehr."

Song: Floß aus Toast

FASS DIE UHR NICHT AN

„Zieh die aufgehende Sonne an Fäden zurück,
weit unter den Horizont, dem sie entkommt,
die Nacht darf nie vergehn,
und ich fürchte den faden Geschmack, der entsteht,
wenn die Welt nach uns greift und uns einholt
mit ihrer Zeit.
Ich und die Nacht füreinander gemacht,
zwei Brüder auf der Flucht vor dem Tag.
Setz die Sonnenbrille auf, bitte bleib noch!"

Song: Fass die Uhr nicht an

Es dauerte lange Zeit, über den Verlust unserer langen Beziehung hinwegzukommen – von verletztem Stolz und Eitelkeit, Verlustängsten, depressiven Phasen und der Angst, nie wieder lieben zu können – bis hin zu Momenten der Freiheit und der Ungebundenheit. Begeisterte Momente der Leichtigkeit, in denen ich dachte: *„Halleluja, ich werde mich nie wieder binden. Ich werde ein moderner Wandermönch und nur noch für mich verantwortlich sein. Amen."*

Ich spielte die ganze Palette menschlicher Gefühle durch, wie vermutlich jeder, der sich einmal in einer Trennungsphase befunden hat. In dieser Zeit war *P Dog* ein wunderbarer Freund für mich. Ich war Dauergast in seiner Wohnung im Hamburger Karolinenviertel. Wir machten gemeinsam Musik. Melodischen Skatepunk mit wütender Trompete. Und wenn er in unserem Wohnzimmer, der *Cobra Bar* auf dem Hans-Albers-Platz, auflegte, schaute ich, so oft ich konnte, vorbei.

Er half mir, mein in Scherben liegendes Selbstvertrauen wieder zusammenzusetzen und etwas Neues Bunteres daraus zu bauen. Ein buntes Seelenfenster, durch das die Sonne wieder scheinen konnte.

Das erste Mal wieder glücklich zu sein nach der Trennung, erlebte ich auch mit *P Dog*. Dieser Moment, in dem ich meinen Selbstwert wieder spürte, war genauso wichtig wie der Prozess des Loslassens und des Verzeihens.

Es war eine Wohnprojektparty in einer alten Reifenfabrik in dem Hamburger Stadtteil Wilhelmsburg. Durchzogen von Schiffskanälen, Hausbooten, dem Reiherstiegviertel und der Industriebrache. Wildes Wilhelmsburg. Abenteuerland für all jene, die nach Orten suchen, an denen Kunst, Liebe und Kultur noch frei gelebt werden können. Die alte Reifenfabrik in der Fährstraße war ein solcher Ort.

Zum Innenhof der alten Backsteingebäude gab es eine Laderampe mit einem Rolltor, das bei Partys aufgezogen werden konnte. In der Halle dahinter stand neben der Bar ein gelber Industrieroboter, den ein Fährstraßenkünstler programmiert und zum Leben erweckt hatte. Viele alte Autoreifenstapel, die sich übereinander türmten, bis in den ersten Stock der darüber liegenden Künstlerkommune. Als wir mit dem alten Golf unseres Schlagzeugers ankamen und ausstiegen, war die Party bereits in vollem Gange. Feuerspiele im Innenhof, tanzende Körper und über allem das elektrisierende Gefühl, dass an diesem Abend alles möglich war. Wirklich alles.

Einer aus unserem Rudel, von vielen liebevoll *Billy Bouillonwürfel* genannt, führte uns an. Er trug eine riesige getönte Sonnenbrille und hatte die Haare zu einem unverrückbaren Pomadenhelm aufgetürmt. Sein wildes Lachen tönte über den Platz und seine Augen funkelten durch die Brille wie bunte Laserstrahlen in einer Großraumdisco. „*Grad recht*“, rief er immer wieder erfreut und mit breitem Bodensee-Dialekt aus.

In diesem Moment löste sich eine Tänzerin aus dem Pulk, warf die Arme um ihn, zog ihn an sich und gab ihm einen derart intensiven Kuss auf den Mund, der seine große Brille verrutschen ließ. Als die Tänzerin sich wieder von ihm gelöst hatte, richtete er sich auf, rückte seine Brille zurecht und versuchte uns einen möglichst coolen Blick der Marke „Das passiert mir jeden Tag“ zuzuwerfen. Was für ein wundervoller Start in den Abend.

„Seid ihr 'ne Band?“

„Ja!“

„Wollt ihr nicht gleich bei uns auftreten? Wir haben hier alles da.“

„Ok!“

In der großen Küche über der Reifenfabrik war allerhand da, unter anderem ein altes Schlagzeug, bei dem die Schlagzeugbecken an Schnüren von der Decke hingen, ein paar ranzige Mikrofone, Lautsprecher und eine bis zum Rand mit Menschen vollgepackte 90-Quadratmeter-Küche, alle bereit durchzustarten. Wir fühlten, dass gleich etwas Wunderbares passieren würde.

Vom ersten Akkord an tanzte die Meute, verbunden mit dem Sound, als wären sie alle miteinander verbunden. Es war wie ein Schwarm Fische, der sich in absoluter Harmonie miteinander bewegte. Wir hoben ab, verschwanden in der Musik, schmeckten die Unendlichkeit. Dann blieb mitten im Konzert für einen Moment die Zeit stehen. In einem Marmeladenglaszeitlupenmoment sah ich Daria. In einem blauen Kleid. Tanzend und lachend.

So sieht also Freiheit aus. Die absolute große Freiheit.

Wie bittersüß war der Schmerz, als dieser Moment langsam wieder flüssig wurde und davonschwamm. Wie warm war das Gefühl, das er hinterließ.

„Jetzt geht die Party richtig ab", krähte einer aus der Feiercrew aufgekratzt nach dem Konzert. Er warf eine rote Zauberpille in die Luft und fing sie mit dem Mund, was allerdings zu dem Effekt führte, dass seine Stimmung in kürzester Zeit zusammenschrumpfte wie eine Hüpfburg, deren Luftzufuhr gekappt wird. *„Ich geh nach Hause, ist doch scheiße hier."* Für den Drugster war an diesem Abend die Party vorbei.

Das ist das Problem mit diesen Gottesmomenten. Wir können sie nicht künstlich verlängern, auch wenn wir so manches dafür tun.

„Hi, ich bin Daria, willst du einen Drink?", fragte mich eine klare Stimme durch den Zigarettenrauch und die Basswellen, die durch den langen Flur der Fabrik schallten. Als ich mich umdrehte, stand sie da. Lächelnd mit einer kleinen runden Flasche und einem Schild in der Hand, auf dem in großen Lettern „Huiuiui" geschrieben stand …

„Huiuiui?"

„Huiuiui, so heißt der Drink."

Wir redeten bis zum Morgengrauen. Bis die Party jäh unterbrochen wurde durch die Sirene eines Krankenwagens. Jemand war in Ekstase aus dem Fenster gesprungen, in der festen Überzeugung, die Reifenstapel wären weich genug, ihn abzufedern. Glücklicherweise hatte er nur ein gebrochenes Bein.

Irgendwann morgens wankte ich mit *P Dog* über den Deich zur Fähre, die uns zurück zu den Landungsbrücken brachte. Und während uns der Hafen in seine liebevollen Arme schloss, wusste ich, dass mein Herz auch irgendwann wieder bereit sein würde für die Liebe. Die Zeit zeichnet nicht nur, sie heilt auch. Endlich fand ich wieder Schlaf.

Heute bin ich dankbar, dass ich damals dem inneren Ziehen gefolgt bin, das mich fast in der Fuldaschleife ertränkt hatte. Etwas war in der Strömung des Flusses zurückgeblieben. Als wäre die Dunkelheit, die der Biss des schwarzen Hundes hinterlassen hatte, für einen Moment davongespült worden.

Martin Luther hat einmal geschrieben, dass im Akt der Taufe der alte Ballast, der uns schwer macht, davongespült wird und wir wieder nach vorne blicken können – als neuer Mensch. Genau so fühlte es sich damals an. Etwas in mir hatte klick gemacht und war eingerastet. Sich noch einmal den theologischen Prüfungen zu stellen und vor allen Dingen der extremen Angst vor den unberechenbaren Fragen und Themen – ich glaubte auf einmal daran, ich könnte es schaffen. Aber um sich diesem lebensfeindlichen Ort, der die Universität für mich war, noch einmal auszusetzen, brauchte ich noch eine Rüstung und die richtigen Waffen, um gegen die Drachen ins Feld zu ziehen.

Anders gesagt: Ich war zurück in Hamburg, war wieder empfänglich für Gefühle, ich merkte, es fehlte aber noch ein wichtiger Puzzlestein. Eine spirituelle Lektion, die nötig war, um mich wieder auf den Weg zu machen.

„Ich war so lang gefangen,
du befreitest mich.
Angst warf ihre Schatten,
nur vor deinem Licht.
Mein Stolz schoss 1000 Pfeile,
sie verfehlten dich.
Das ist auch der Grund,
weshalb du heilig bist.
Für mich.

Ich wäre längst gegangen,
mit dir bleibe ich.
Hätte laut geschrien,
mit dir schweige ich.
Läge längst versunken,
mit dir treibe ich.
Gegen jeden Strom und jedes Beben
überleben wir zu zweit.

Mit dir starte ich meine Nachtmeerfahrt
bis zum Grund meiner Seele
durch das schwärzeste Schwarz
bis zu den Lichtern der funkelnden Stadt
und zurück
immer zurück zu dir."

Song: Nachtmeerfahrt

LIEBESPANZER

Ich traf Doro unerwartet. Sie stand vor einem der schönsten Cafés Hamburgs, dem *Kandie Shop*.

Cremiger Kaffee, süßes Bananenbrot und das Gefühl, dass am Ende des Tages alles irgendwie gut gehen würde, werden hier täglich serviert. Lächeln gibt es gratis dazu. Meistens.

Genau an der Stelle, an der sich Schulterblatt und St. Pauli küssen, trat sie in mein Leben. Sie stand einfach da und leuchtete, in einem azurblauen Kleid. Vielleicht frage ich sie irgendwann einmal, welcher Engel es war, der sie damals nach St. Pauli gesandt hatte. Aber sie schenkte mir das, was ich so dringend brauchte, um wieder ganz zu werden: ehrliche, verlässliche Liebe.

Sie wurde zu meinem Anker, meiner Vertrauten, meinem Herzensmenschen, meiner Retterin und der Frau, die mich überzeugte, dass das Leben auch jenseits der dreißig Sinn und Erfüllung bringen könnte. Vermutlich war es der Erzengel Michael, der Bezwinger des Schattens und Schutzpatron der Kranken, der sie zu mir gesandt hatte. Sie half mir beim Schmieden meines spirituellen Rüstzeugs für den Kampf gegen meine Dämonen. Bis heute ist sie einer der Gründe, weshalb mein Leben tief geworden ist.

„Du brauchst einen inneren Mittelfinger, der wird dir helfen, das ist wie ein Schutzpanzer“, sagte sie eines Tages zu mir.

Für mich war dieser Panzer ein überlebenswichtiger Baustein für meine spätere Arbeit als Pastor und für meine Kämpfe gegen den schwarzen Hund.

Dabei ging es beim inneren Mittelfinger nie darum, andere Menschen vor den Kopf zu stoßen, er war lediglich als eine gute Schutzfunktion gedacht, die eigenen Selbstzweifel in den Griff zu bekommen.

Ein solcher Panzer schützt das Herz davor, sein eigenes Wohlergehen dem Wunsch, allen gefallen zu wollen, zu opfern. Denn in dem Moment, in dem du dich aus deiner eigenen Komfortzone bewegst, passiert es unweigerlich, dass du Menschen begegnest, die nicht deiner Meinung sind.

In meiner Punkrockblase war es relativ einfach gewesen, ein entspanntes Leben zu führen. Wir hatten ähnliche Ideale und Ziele und kamen viel schneller zu einem Konsens als ich später in meiner Arbeit als Pastor mit einer Kirchengemeinde. Dort war von konservativen bis zu innovativen Positionen alles vertreten.

Ein paar Gemeinsamkeiten gab es trotzdem. Abgestimmt wurde in beiden Lebenswelten im Plenum. In der *Roten Flora* genauso wie in der Christuskirchengemeinde in Husum. Das gehörte zu beiden Kulturkreisen dazu.

In der linken Szene wird manchmal so lange diskutiert, bis alle einer Meinung sind. Das dauert, aber das Plenum ist heilig.

Ich weiß noch genau, wie ich einmal bei einem Soli-Konzert in der *Roten Flora* von einem besoffenen Jungpunker angeraunzt wurde: *„Warum warst du nicht beim Plenum letzten Dienstag, wenn du hier jetzt spielst, oda was?“*

„Ich spiele hier gerade ohne Gage, um Geld für 'ne gute Sache zu sammeln, und du fragst mich, warum ich nicht auch noch zum Plenum komme, oda was?“

„Jaaaaa, aber da kann man ja trotzdem mal zum Plenum kommen, oda was? Wenn man schon hier spielt, oda was?“

Ein anderer Jungpunker zog den Drunkster von der Bühne und ich wandte mich fluchend dem bierverkrusteten Kabelsalat zu, der mir zwischen den Fingern klebte. Später stellte sich heraus, der Jungpunker war selbst weder im Plenum gewesen noch im Orga-Team der Konzertgruppe.

Hätte ich damals schon den inneren Mittelfinger kultiviert, ich hätte nicht ärgerlich den klapprigen Bandbus beladen. Ich wäre nicht zornig durch ganz Hamburg gefahren, hin zu dem alten Luftschutzbunker, in dem unser Proberaum lag. Ich hätte nicht fluchend mit meiner Band das gesamte Equipment über viele Treppenstufen und enge Gänge bis zu unserem Proberaum geschleift, sondern wäre mit der Situation anders umgegangen.

„Oda was, oda was? Auf die Fresse, oda was.“

Meine Haut war damals dünn, wie durscheinend fettiges Butterbrotpapier.

Ein innerer Mittelfinger löst nicht alle Probleme, aber er kann helfen, sich nicht jeden Schuh anzuziehen.

Später, als ich mich noch einmal wahrhaftig dem schwarzen Hund stellte, wurde mir klar, dass diese ständige, elende Anspannung, in der ich mich befand, und die endlos nagenden Schuldgefühle, fern von jeglicher objektiven Schuld, Teil einer depressiven Verstimmung waren.

Die gute Nachricht ist, es gibt Menschen da draußen, die einem helfen können, mit diesem elendigen Gefühl umzugehen. Das fängt an mit den Herzensmenschen, mit denen du dich umgibst, bis hin zu professionellen Seelenheilern.

Selbstliebe hilft. Geliebt zu werden und andere zu lieben noch mehr. Und dann sind da noch die Gottesmomente, in denen wir tief in uns spüren, dass wir für einen kurzen Augenblick im Einklang sind mit etwas, das größer ist als wir selbst.

Etwas, das diese *Wilde Sehnsucht* zurücklässt, ganz am Leben teilhaben zu wollen.

Ich legte meinen Panzer an und war bereit, mich den Drachen zu stellen.

„HAJDE JASHA" – LEBE DEIN LEBEN

Ich hatte es geschafft. Die Prüfungen waren vorbei. Ich stand auf dem Parkplatz vor dem Universitätsgebäude, atmete die klare Luft ein und spürte tausend Steine von der Seele rollen.

Die Drachen waren besiegt.

Ich war dem inneren Ziehen gefolgt und durch das tiefe Wasser geschwommen. Durch schlammige Sümpfe gewatet und mit dreckigen Schuhen Richtung Berg der Erkenntnis gewandert.

Der Himmel wurde wieder weit.

Auf dem Weg hatte ich mich dem eigenen inneren Stolz stellen müssen, der Angst wieder zu fallen, aber ich war nicht mehr derselbe wie damals. **Das Leben lehrt uns auf seine eigene Weise seine Lektionen – manchmal schmerzhaft, manchmal bunt und ekstatisch, aber immer wahr.** Leider verstehen wir vieles erst im Rückblick, aber wenn uns diese göttliche, *Wilde Sehnsucht* ruft und lockt, nach vorne zu leben, ist es an uns, der Verheißung zu folgen.

Einer der Drachen, bei denen ich damals durch die Prüfung gefallen war, stapfte aus dem Gebäude und schnaufte dabei gönnerhaft: *„Ihr neues Selbstvertrauen steht Ihnen gut, Herr Werner."* Dann verwandelte er sich. Schrumpfte mit jedem Schritt, den er auf dem Parkplatz Richtung echte Welt machte, zusammen. Seine mächtigen Schwingen wurden kleiner und verschwanden am Ende ganz.

Seine gefährliche Aura verpuffte, die Krallen zerschmolzen zu zarten Fingern und die funkelnden Raubtieraugen wichen ängstlich umherhuschenden Pupillen. Hier auf dem Parkplatz endete seine Macht. Der Drache war Menschlein geworden, setzte sich ungelenk auf ein Klappfahrrad, klemmte die Hosenbeine seines abgetragenen Anzugs mit einer Wäscheklammer zusammen und rollte unsicher vom Hof.

Mit jedem Tritt in die Pedale wurde er kleiner, bis der Verkehr der Großstadt ihn verschlang.

Hier draußen herrschten andere Drachen.

Ich sah ihm noch einige Zeit nach, zog Resümee. Fragte mich, was ich in diesen Jahren des Studiums der Theologie gelernt hatte. Ich hatte mir von den Professor*innen

Prophetisches erhofft, hatte mich zumindest nach Lehrmeistern gesehnt, die ihre Lehre authentisch mit der Welt verbanden. Die Lust entfachten, weiter nach den unfassbaren, göttlichen Geheimnissen zu suchen.

Wenig davon hatte ich gefunden.

Gleichzeitig durchströmten mich tiefe Dankbarkeit und die Gewissheit, alles würde am Ende doch Sinn ergeben.

Bremsen quietschten, ein Autofenster öffnete sich. Dean der Weltenbummler war gekommen. *„Hajde Jasha“*, brüllte er mit glänzenden Augen. *„Die Nacht gehört uns“*.

„Hajde Jasha“, brüllte ich zurück und für einen kurzen Moment bog sich der Himmel auf die Erde.

Ein Moment der großen Freiheit. Eine Tür zu neuen Möglichkeiten öffnete sich.

Ich trat hindurch.

Ich feierte diesen Moment mit einer weiteren Tour mit Johnny Mocanelli und den anderen Geisterfahrern auf der Jagd nach der Ewigkeit.

„Auf das Leben,
auf die Liebe,
auf die Lügen,
die uns helfen
zu vergeben,
zu vergessen,
zu verzeih'n.

Lieber träume ich Geschichten
als ein Zyniker zu sein.
Komm mit mir,
zusammen sind wir nicht allein.

Sind die Dichter alles Heuchler,
wenn sie von der Liebe sprechen
und dann doch ihre Versprechen
mit der nächsten Liebe brechen?

Keine Antwort habe ich,
warum wir sind, so wie wir sind,
ich weiß nur, dass der Satz
ich liebe dich
unserem Sehnsuchtsort entspringt

Und wir drehen unsre Runden
auf dem Karussell der Eitelkeit,
genießen diesen Schwindel,
der uns Lebende vereint."

Song: Karussell der Eitelkeit

BERLIN

„Ihr seid gar keine richtigen Punker, hähähä!"

Krachend schlug ein schwerer Metallstuhl in das Dach unseres Bandbusses ein. Geschleudert von einem efeubehangenen Balkon der Jessnerstraße in Berlin Friedrichshain aus betrunkener Anarcho-Hand. Wir hatten dort am Abend zuvor ein Konzert in der *Supamolly* gespielt, mein persönlicher Lieblingskellerhöhlenclub.

Zu dieser Zeit spielten wir relativ regelmäßig dort. Waren auch in den angeschlossenen Wohnräumen gern gesehene Gäste. Verschlossene Türen gab es an diesem Ort nur wenige, sodass ich mich noch verschwommen erinnere, dass ich nach einem Konzert mit einer Freundin in einer großen Badewanne endete, die in einer der Wohnungen dieses wunderschönen, riesigen Wohnprojekts lag. In einer großen Gemeinschaftsküche wurde für die Bands gekocht, und man hatte auch als Gast das Gefühl, an etwas beteiligt zu sein, das größer war als man selbst. Es fiel mir immer wieder schwer, diesen schönen Ort zu verlassen. Dem Rest der Band ging es ähnlich.

Wir haben es nicht in der Hand, Gottesmomente zu erschaffen. Sie sind immer ein Geschenk von oben. Aber in schönen, offenen Räumen ist die Wahrscheinlichkeit ungleich höher, dass der Geist der Liebe weht.

An diesen Orten, an denen brennende Herzen schlagen, passiert es durchaus auch, dass es zu Eruptionen kommt. Da fliegt dann auch mal ein Stuhl, wenn jemand betrunken ist und dann noch die Umsatzsteuer für eine Konzertgage berechnen soll.

Weil die Band aber selbst die ganze Nacht gefeiert hatte und unser Sänger Johnny Mocanelli in einem Zustand der akuten Wodkaausdünstung war, rollte die Band ohne große Diskussionen vom Hof Richtung Wedding. Wir hatten das Studio *andereBaustelle* der Band *Einstürzende Neubauten* für diesen Tag zur Verfügung. Zeit abzuliefern.

Das fanden auch diejenigen, die sich den Abenteurern angeschlossen hatten, die der Welt in der letzten Nacht abhandengekommen waren.

Ich sehe sie noch vor mir, wie sie mit einem Beutelchen Pillen in der Hand fröhlich kichernd in die Dunkelheit Berliner Clubs verschwanden.

Wider all meine Hoffnung traf sich das komplette Tourrudel pünktlich im Studio. Jeder spielte seine Tonspuren, präzise wie ein Schweizer Uhrwerk, ein. Im Studio der Neubauten stand außerdem ein großes eisernes Fass, in das ein Mikrofon gehängt worden war. Auf dieser Eisentonne spielte unser Drummer wie besessen. Hämmerte bizarre Beats ein, die auf verrückte Art und Weise doch irgendwie zu unserem Sound passten. Im Zustand größtmöglicher Ermüdung liefen wir zur Höchstform auf, verschmolzen mit der Musik und hofften, dass sich das, was wir da durch die aufgebauten Mikrofone trümmerten, am nächsten Tag auch noch gut anhören würde. Wir spielten aus einem Abgrund heraus, in den wir uns selbst lachend hineingeworfen hatten. So manche Kunst entsteht so, natürlich auch so mancher Schrott.

Aber wenn der göttliche Spirit mit uns ist, entsteht Kunst eben auch an den Brüchen und Wunden, die wir in uns tragen.

Manchmal ist es eine große Lebenswunde, die den Künstler antreibt, die er sein Leben lang zu schließen versucht. Jedes Kunstwerk hilft, die Wunde ein wenig zu schließen, und doch kann es sein, dass der heilende Schorf an der ein oder anderen Stelle immer wieder aufreißt und neue Kunst notwendig wird. Kunst ist das Licht, das den Schatten vertreibt. Manchmal entsteht aber auch ziemlicher Bullshit, den man getrost in die Tonne treten darf.

In diesem Fall hatten wir Glück: Der Geist kam, wir wurden beschenkt, fuhren weiter – müde, aber glücklich.

„Diggi, hast du'n Euro?
Oder besser gleich zwei?
Solche Fragen hört man ständig in der
U-Bahn-Linie 3.
So wurde mir heute Morgen
auf die Schulter geklopft.
Ich bin Rocko Rakete,
auf der Flucht vor den Cops,
ich hab gerade gekotzt.

Ja, ja, ich weiß meine Optik
wie so'n vergammelter Aal,
aber schau dich mal selbst an,
bist ja auch keine Schönheit,
unterhalten wir uns mal.
Ich hab gerade 'ne Krise,
spiritueller Natur.
Bin auf der Suche nach Gott und
momentan ohne Job, was mache ich hier nur?
Woran soll ich noch glauben?
Ist noch Hoffnung in Sicht?
Wenn der Einzige, der anruft, dein Bezugsbetreuer ist?
Woran soll ich noch glauben?
Um uns schwindet das Licht,
aber irgendwas geht immer.

Meinst du nicht?
Meinst du nicht?
Ich bin Rocko Rakete
und hier muss ich raus.
Wo ist mein Applaus?"

Song: Rocko Rakete I

DIE BANK GEWINNT

„Ich hau euch allen auf die Fresse", schrie jemand vom Balkon einer Wohnunterkunft, und ich fragte meinen Kollegen, ob wir nicht vielleicht irgendetwas machen könnten. Der schüttelte nur bedauernd den Kopf: *„Erst wenn er wirklich zuschlägt, vorher ist es schwierig."*

Ich war Teil eines Teams, das im sozialpsychiatrischen Bereich Menschen wieder auf die Beine half. Ich besuchte verschiedene Wohnungen und Einrichtungen und versuchte, je nach Bedarf zu helfen. Die Bedürfnisse waren unterschiedlich: viele aus Syrien geflüchtete und durch den grausamen Bürgerkrieg traumatisierte Menschen mit ungewisser Zukunft, gestrandete und mittellose Seefahrer, Menschen mit Suchterkrankungen, die durch widrige Umstände ihre Wohnung verloren hatten.

Alle hatten sie Hoffnung auf bessere Zeiten, doch die Chancen auf bessere Zeiten waren, wie ich im Lauf meiner Tätigkeit feststellen musste, nicht die besten. Schicksalsschläge verändern den Rhythmus des eigenen Lebens nachhaltig, es ist nie einfach, ihn wiederzufinden. Vor allem dann nicht, wenn man alleine ist.

Ich lernte eine neue Welt kennen und versuchte, meine Klienten, so gut ich konnte, zu begleiten. Oft mit wenig

Aussicht auf Verbesserung. Es war frustrierend zu sehen, dass manchmal erst etwas Schlimmes passieren musste, bis ein Hilfsangebot greifen konnte. Die Chancen auf dringend benötigte Therapieplätze waren verschwindend gering.

Einmal begleitete ich einen meiner Klienten zu einer der typischen Spielhallen Hamburgs. Mit ihren abgeklebten Fenstern fügte sie sich perfekt ein in den heruntergekommenen Heroin-Chic des bröckelnden Einkaufszentrums. Flackerndes Neonlicht, das sich im blassen Beton der Anlage spiegelte. Hier hatten selbst die wenigen Tauben, die sich auf den Mauervorsprüngen niederließen, Augenringe.

Ich versuchte, ihn davon abzuhalten hineinzugehen, zunächst mit Erfolg. Doch der hielt nur wenige Tage an, und so wurde er wieder zu einem der Spielhallenschatten, die mit erloschenen Augen Münzen abwechselnd in den blinkenden Automaten und den Instantkaffeeautomaten warfen.

Am Ende gewann immer die Bank.

Es gab aber auch Menschen, die sich selbst in den einfachen Wohnunterkünften mit den dünnen Wänden ihre Lebensfreude nicht nehmen ließen – so wie die beiden alten Seefahrer, die jeden Tag mit ihren Rollatoren zum Hafen tingelten und sich das Wenige, was sie hatten, teilten. Selbst die letzte Stopfzigarette, die sie mit den Resten aus ihrem Tabakeimer befüllten.

„Nie das Lachen verlieren, min jong", sagten sie zu mir und ließen ihre Hupen erschallen, die sie an ihren Rollatoren

angebracht hatten, gleich neben den Windrädern aus Plastik sowie kleinen Ü-Ei-Figuren, während wir zur Kleiderkammer des Roten Kreuzes unterwegs waren, um nach neuen Winterjacken Ausschau zu halten.

Danach fuhr ich mit dem Bus durch die Billstraße zur nächsten Wohneinrichtung.

Eine andere Welt: orientalische Teppiche, Kühlschränke, Matratzen, Waschmaschinen, Fahrräder, Klamotten, nigerianische Küche. Verschiedenste Nationalitäten, verschiedene Traditionen betrieben hier ihre Geschäfte, ein besonderer, bunter Ort. Immer wieder gab es große Polizeirazzien und große Brände, die verheerende Auswirkung auf das empfindliche Kultur- und Ökosystem dieser Straße hatten.

Ich stieg aus und betrat die Wohneinrichtung, in der dieser spezielle Duft in der Luft lag: eine Mischung aus kaltem Tabak, altem Schweiß und Eintopf aus der Dose. So riecht Armut, dachte ich.

„Hä Wännnnaaaa ... ???“, gellte ein langgezogener Ruf bereits durch das Treppenhaus.

„Hä Wännnaaaa, kommen Sie einmal bitte bei mir vorbei ... !!!“

Ich öffnete die Tür zu dem Zimmer meines Klienten. Früher hatte er ein Bordell betrieben, bis er irgendwann unsanft aus dem Geschäft gedrängt worden war. Er hatte mir bei unserem ersten Kennenlernen erzählt, dass er gerne wieder ins Training kommen würde, denn früher war er ein guter Boxer gewesen. Seitdem versuchte ich, ihn bei jedem

Besuch aus der Reserve und in den Fitnessraum der Wohneinrichtung zu locken. Bisher immer vergebens.

Sein Zimmer war vollgestellt mit alten Töpfen und Pfannen, die Vorhänge waren zugezogen, über dem Chaos auf dem Boden und den Tischen thronte ein riesiger Plasmafernseher. Es gab keine Schränke, dafür einige Tische, die als Ablage für alte Zeitschriften und Elektroartikel dienten. Durch das Zwielicht und die Klamottenberge bewegte sich ein großer, breiter Mann auf mich zu. Wie ein Tanker, der durch schwere See stampfte.

Er stützte sich schwer auf einen Rollator, fand aber zielsicher seinen Weg um die verschiedenen Tische.

„Hä Wännna, heute will ich neu starten, ich will anfangen zu trainieren."

Wir machten uns auf den Weg zum Fitnessraum, vorbei an den staunenden Mitbewohnern und dem applaudierenden Einrichtungsmanagement. Wir kamen uns für einen Moment vor wie ein Spitzensportlerteam auf dem Weg in den Ring. Getragen vom Applaus der Zuschauer schafften wir es tatsächlich in den Fitnessraum und auf das dort stehende Laufband.

Auch wenn es nur fünf Minuten waren, die er sich dann aber auf dem Stepper quälte, wir waren beide für einen Moment stolz wie Bolle.

Ich ignorierte den Fakt, dass er danach in die Bar der Einrichtung steuerte und sich ein bis zwei Weizenbier gönnte. *„Hä Wännnä, das hab ich mir jetzt verdient, nach dem heftigen*

Training ..." Es war trotzdem ein kleiner Sieg in seiner Welt, in der sonst das Verlieren vorprogrammiert war.

Ich fuhr weiter zu unserem nächsten Klienten: ein syrischer Flüchtling, der das Einrichtungsmanagement in den Wahnsinn trieb. Schwer traumatisiert durch den Krieg in seinem Land hatte er die Angewohnheit entwickelt, die Abflüsse der Einrichtungstoiletten mit Klopapierrollen zu verschließen.

Ich habe nie herausgefunden, was die Ursache seiner Angst vor den Toilettenlöchern war. Leider musste er das sichere Deutschland wieder verlassen, bevor er irgendeine Form richtiger Hilfe erhalten hatte.

Das soziale System versagte. Was blieb, war ein Gefühl der Hilflosigkeit.

Ich bin dankbar, dass das Team, in dem ich arbeitete, füreinander einstand, sich gegenseitig aufrichtete und liebevoll unterstützte. Es gab keine Eitelkeiten, keinen Konkurrenzkampf. Hier durfte ich lernen, wie sich ein Team anfühlt, das aufeinander achtet. Nur in einer starken Gemeinschaft ist es möglich, in diesem Arbeitsbereich vital zu bleiben, und dennoch: Es war nicht immer einfach zu ertragen, dass an manchen Stellen keine Hilfe möglich war.

Was blieb, waren die kleinen Momente des Erfolges.

RATZEBURG AHOI!

„Mit allem, was ich in mir trage,
was mich blockiert und von dir trennt.
Mit allem Licht und allem Schatten
werde ich ganz, werde ich ganz,
werde ich ganz durch dein Geschenk."

Song: Durch dein Geschenk

Irgendwann flatterte ein Brief in die Davidstraße. Keine Rechnung, keine Mahnung. Eine Einladung. In diesem Brief schlug man vor, dass ich mich doch für ein Vikariat bewerben könnte. Eine dreijährige Ausbildung, die Theologen machen können, um dann nach dem Zweiten Theologischen Examen als Pastor arbeiten zu können. Es war eine praktische Ausbildung. Bezahlt.

Sie würde mit der Arbeit an einer Schule beginnen, dann würde es weiter in die Gemeinde gehen, und alles – Taufen, Hochzeiten, Beerdigungen, ... – würde dabei sein.

Nach einigem Zögern entschied ich mich, meinem Bauchgefühl zu folgen. Ich folgte dem Ruf der Nordkirche, in der Hoffnung dort das zu finden, was mir im Studium gefehlt hatte. Praktische Arbeit auf Augenhöhe und Kontakt zum echten Leben außerhalb des sicheren Elfenbeinturms. Vielleicht würde ich hier die Möglichkeit bekommen, den theoretischen Bereich zu verlassen und zusammen mit anderen auf die Suche zu gehen nach den Momenten, an denen der Himmel die Erde küsst, nach dem Licht in der Dunkelheit, nach dem Riss in der Fassade, durch den

Lebendigkeit fließt – nach Orten, an denen alle angenommen sind und geliebt.

Das alte Kloster in Ratzeburg thront auf einer Anhöhe, umgeben von dem klaren Wasser einer malerischen Seenlandschaft. Dort liegt die Ausbildungsstätte, das Predigerseminar, das Herz der Nordkirche, der Heimathafen für Vikare der Nordkirche. Hier sollten wir, die wir uns auf den Weg gemacht hatten, für die nächsten drei Jahre immer wieder vor Anker gehen.

Riesige uralte Backsteinbögen, geheimnisvolle lange Flure, ein Kreuzgang, in dem das Echo der eigenen Schritte Geschichten vergangener Jahrhunderte flüsterte.

„Komm und finde heraus, was das Leben von dir will. Stell dich deinem Schatten. Suche das Licht, zieh weiter in den Norden. Geh dorthin, wo die Sonne das Meer küsst. Dort, wo die Dunkelheit tief und das Land flach ist. Zieh los. In die graue Stadt am Meer."

Ich wurde nach Husum entsandt. Packte in der Davidstraße meine Koffer und machte mich auf den Weg in den hohen Norden. Auf der A23 Richtung Dänemark wurde auf einmal alles langsamer, der schnelle Beat der Großstadt wich einem langsamen Groove und nach der Ortschaft Heide schien sich auf einmal der Himmel in seiner grenzenlosen Weite aufzufächern.

„Ab Heide wird der Himmel weit", bestätigte sodann einer der mitgereisten Möbelpacker und zog nachdenklich an seiner selbstgedrehten Zigarette. Langsam atmete er den blaugrauen Rauch aus, der mich so sehr an die vielen Fahrten in verqualmten Tourbussen erinnerte.

Ich lehnte mich zurück und schloss die Augen. *„Husum verdammt"*, wiederholte ich die Songzeile der Band Turbostaat, die ein Freund für mich auf eine Playlist gepackt hatte. Das Rad der Zeit drehte sich weiter.

Wir rollten Richtung Nordfriesland.

HUSUM VERDAMMT

„Graue Raucherlunge der Großstadt
gib mir ein bisschen mehr Teer für
mein Boot ab
Ich kann nicht mehr bleiben bei dir
Ich kann nicht mehr bleiben bei dir
Ich liebe das Drama,
wenn wir uns schlagen
und deine Küsse
wenn wir uns vertragen
Ich kann nicht mehr bleiben bei dir
Ich kann nicht mehr bleiben bei dir

Laufe aus heute Nacht
Laufe voll heute Abend
und ich tanze mit dir alte Hure im Hafen
noch einmal zu unserem Lied
ganz pathetisch zu unserem Lied

Die Turmuhr schlägt, komm tanz mit mir
Ich kleb an dir, dein Süchtiger
Die Turmuhr schlägt, um uns die Nacht,
alles dreht sich,
dreht sich um dich."

Song: Alles dreht sich

Husum, die graue Stadt am Meer. Ich habe dort die schönsten Sonnenuntergänge gesehen und die vollkommene und dunkelste Nacht. Es gibt hier noch skurrile Orte, an denen die Zeit stehen geblieben scheint. Auch wenn ich zunächst ein wenig Startschwierigkeiten hatte, hier habe ich Menschen kennengelernt, die im Einklang mit den Gezeiten leben. Und dann war da noch das ständig sich verändernde Wattenmeer, der grüne Deich, ein kleines Bestellkino mit Platzservice und Fanta Korn für 70Cent. Hier begann meine Ausbildung, meine ersten Predigten im schwarzen Talar in der alten Institution Kirche, deren Strukturen und Regeln ich noch nicht kannte, an einem Ort der mir fremd war.

Der Umzugswagen rollte über das Kopfsteinpflaster der Straße mit dem Namen „Totengang“, vorbei an dem alten Friedhof West. Einer der Möbelpacker klopfte mir auf die Schulter: *„Also, die Reeperbahn ist das hier nicht gerade, aber du wirst wohl schon erwartet“*, und er zeigte auf die graubehaarten Köpfe zweier älterer Leute, die sich weit aus dem Fenster gelehnt hatten und unseren Umzugswagen keine Sekunde aus den Augen ließen. Wir hielten genau unter den beiden Fenstern, und während die ersten Möbel ihren Weg in meine Erdgeschosswohnung fanden, quäkte aus dem oberen Stockwerk eine brüchige Stimme:

„Sind Sie der neue Vikar an der Christuskirche?“

„Der bin ich“

„Ja, ja wir wissen schon Bescheid. Aus St. Pauli, ja, ja ... Tja, die letzten Mieter hier sind ausgezogen, näch ..., die waren viel zu laut, ... näch ..., das war nichts für uns, ... jaja, ..., nej nej, hier soll das ruhig und ordentlich sein ... näch ...“

Ich ging wortlos in die Wohnung und schlug meinen Kopf ein paarmal gegen den Kühlschrank, während die beiden Möbelpacker leise in sich hineingrinsten.

Einige Tage später erwischte ich den alten Herrn aus dem ersten Stock dabei, wie er meinen Hausmüll durchsuchte, auf der Suche nach brisantem Material. Einige Wochen später balancierte eben jener ältere Herr auf einer kleinen Trittleiter vor meinem Schlafzimmerfenster und versuchte, durch die zugezogenen Gardinen zu spähen. Ein erbärmliches Bild.

Ich hätte nie gedacht, dass mein Hausmüll und mein Schlafzimmer einmal für andere Menschen spannend sein würden. Das Besondere an der evangelische Kirche fand ich ja gerade, dass sie davon ausgeht, dass der Pastor nicht auf einer höheren Stufe steht als die Ortsgemeinde. Und der Kirchengemeinderat entscheidet demokratisch über die Angebote in der Gemeinde. Ich war also davon ausgegangen, genauso Mensch bleiben zu dürfen wie alle anderen in meiner Gemeinde. Ganz im Sinne Martin Luthers, dass alle Menschen gleich sind und jeder Licht und Schatten in sich trägt. Keiner ist besser oder schlechter als der andere.

Als dann im Seniorenkreis eine der älteren Damen sagte *„Pastoren, die müssen sein wie Engel auf Erden"*, begann ich zu zweifeln, ob ich denn der Richtige für diese Arbeit sei.

Aber gleich aufgeben wollte ich auch nicht. Irgendwo musste ja die Quelle meiner spirituellen Sehnsucht zu finden sein. Warum nicht in Husum? Und glücklicherweise dachte nicht jeder aus der Gemeinde so.

Ich nutzte das freie Wochenende, um wieder zu Kräften zu kommen. Spielte ein paar Konzerte mit meiner Band, bevor ich wieder im Zug nach Husum saß.

Mir wurde klar, wenn ich die nächsten drei Jahre gut überstehen wollte, brauchte ich Verbündete vor Ort. **Menschen, bei denen ich Mensch sein konnte.**

Ich hatte schon einige Male mit meiner Band im legendären *Husumer Speicher* gespielt und wusste, dass es in Nordfriesland eine kleine, aber feine Punkszene gab. Vielleicht konnte ich dort ja ein paar Kontakte schmieden.

Bis dahin beschloss ich, den einsamen Wolf zu mimen, zog spätabends durch die ausgestorbene Innenstadt und heulte vom Deich aus den Mond an. Ich hatte die wilde Hoffnung, irgendwie ein paar Rudelmenschen anzulocken, die auf der gleichen Welle surften wie ich.

Und tatsächlich: Irgendwo aus der Ferne heulte es hoffnungsvoll zurück.

GOTTESMOMENTE II

Direkt am Kanal des kleinen Husumer Fischereihafens gab es ein Café, betrieben von einem Wikinger namens Birger, mit funkelnden Augen und wallendem Bart. Er stand hinter dem kleinen Tresen, bediente Touristen und Einheimische und hatte für alle ein offenes Ohr und ein herzliches Lachen parat. Er besaß ein riesiges Wohnmobil, einen stählernen Walfisch, mit dem wir, sobald sich ein besonders schöner Sonnenuntergang ankündigte, auf „Chasing Sunset Tour" gingen. Birger wurde für mich zu einem Ankerpunkt in einer schwierigen Lebensphase.

Für mich wird an solchen Punkten im Leben Gottes erstaunliches Wirken deutlich: Es ist, als würden – wie durch ein Wunder – an den besonderen Schwellen des Lebens auf einmal genau die Menschen auftauchen, die wir in dieser Zeit benötigen – und manchmal geht es eben dieser anderen Person genauso.

Begegnungen dieser Art bringen etwas in uns zum Schwingen, was wir vielleicht noch nicht kennen. Etwas, das uns weiterbringt in unserer aktuellen Lebenssituation. Manchmal ändert sich der Rhythmus unseres Lebens dadurch. Immer aber hilft es uns weiter, auf unserer Suche nach einem möglichst erfüllten Leben.

In der Zeit, in der ich in Husum landete, verstarb auch ein guter Freund Birgers. Es war eine meiner ersten Trauerfeiern, die ich in Husum begleitete. Eine Waldbestattung.

Dort im Blätterrauschen der Lebensbäume sah ich als Außenstehender, wie tief die Wurzeln der Freundschaft waren, zwischen denjenigen, die dort Abschied nahmen und dem, der über die weltliche Ziellinie in die Ewigkeit gegangen war.

So sieht wahre Liebe aus, dachte ich auf meiner Fahrt zurück ins Leben.

Ich wurde beschenkt mit einem Moment, der unbezahlbar war. Und begann eine Ahnung zu entwickeln, wie viel Heilsames in einem Trauerritual stecken konnte.

Ich beschloss zu bleiben und zu lernen.

„Möge dein Kopf sich befreien, von sämtlichen Leiden,
verheilen was verletzt.
Gottes Wind, der für dich singt.
Der dich weitet, immer weiter, bis nach Hause bringt."

Song: Bis nach Hause

DAS ENDE DER WELT

„Lass uns einen Freund von mir besuchen fahren", sagte Birger eines Tages, als ich ihn in seinem Hafencafé besuchte.

„Der ist Töpfer auf Nordstrand, steht auf Hip-Hop und Graffiti, wir könnten 'ne Jam Session machen mit guten Beats und Drinks."

Auf der Fahrt Richtung Nordstrand glitzerte das weite Wattenmeer vielversprechend. Ich war für einen kurzen Moment glücklich und dankbar, dass mich Gott an diesen Ort geschickt hatte.

Die Heidschnucken galoppierten über den Deich, und als wir über den langen Damm auf die Halbinsel fuhren, strömte eine tiefe Ruhe in meiner Seele.

Alles wurde langsamer, dehnte sich aus, und als wir vor der Töpferei mit den weißen Mauern und der grünen Holztür zum Stehen kamen, stieg ich wie verwandelt aus dem Auto.

Im Inneren der Töpferei, die aus einem Verkaufsraum mit großen Fenstern zur Straße hin und einem kleinen gemütlichen Café bestand, lernte ich Falk kennen. Er hatte bereits viel von der Welt gesehen, war auf Wanderschaft gewesen, bis es ihn wieder nach Hause ans Wasser zog. Der vorherige Besitzer der Nordstrander Töpferei war irgendwann zurück aufs Festland gezogen und hatte Falk alles hinterlassen, auch die Wohnung über der Töpferei. Alles strahlte eine kontemplative Ruhe und absoluten Frieden aus.

Das warme Licht der getöpferten Öllampen, die Dunkelheit, die sich, je länger wir beieinandersaßen, über die Marschlande um die kleine Töpferei ausbreitete, der ewige Sternenhimmel über dem Wattenmeer, der jeden in seinen hypnotischen Bann zog, der sich auf den weichen Deich legte und nach oben schaute, und die ozeanische Weite des Wassers, das kam und ging, wie es wollte, und jedes Mal ein anderes Muster im nassen Watt hinterließ.

Es war, als würde hinter der kleinen Töpferei die Welt aufhören und ein magisches Land beginnen, welches Diesseits und Jenseits verband. Selbst das gelbe Ortsschild, auf dem in schwarzen Lettern „Westen" stand, zeigte an, dass hier der Westen endete und danach nichts mehr war, außer Wasser und vielleicht dann irgendwann Kanada.

Falk war Hüter der letzten spirituellen Raststätte unserer Welt, und er erzählte an diesem Abend Geschichten, die verzauberten, von Rungholt der versunkenen Stadt im Wattenmeer, Atlantis der Nordsee, vor 700 Jahren von Gott verdammt und versenkt worden, aufgrund des gotteslästerlichen Verhaltens der Einwohner.

Er sprach von der Kunst durch das Watt zu wandern bis hinaus auf die Halligen, seiner Wanderschaft durch das Leben, und immer wieder machten wir Musik, auf Oldschool Beats, bis die Morgendämmerung über uns hereinbrach.

Ich saß noch einige Zeit am Küchentisch und dachte darüber nach, wie wohl ich mich hier fühlte. Am Ende der Welt. In der warmen Einsiedelei des Töpfers. Was für ein heiliger Ort der Ruhe. Ein Teil von mir sehnte sich nach dieser Ruhe oder einer Heimat, ein anderer wusste, ich würde sie nie finden.

Zumindest nicht hier in dieser Welt.

Meine Eltern waren Flüchtlingskinder. Mein Vater kam auf der Flucht in einem Stall irgendwo in Ungarn zur Welt. Es war ein langer Weg aus der Vojvodina nach Deutschland.

Meine Eltern arbeiteten hart, um uns ein gutes Leben zu ermöglichen.

Meine Mutter war sogar eine der ersten Frauen, die sich nach dem Krieg einen Doktortitel erkämpfte.

Dennoch prägt es eine Familie, wenn die eigene Heimat verbrannt ist. Tod und Zerstörung hinterlassen in jeder Kinderseele Spuren, die nicht immer heilen können. *„Mir habet nix für euch Flüchtlinge“* wurde meinen Eltern von schwäbischen Obstbauern entgegengerufen.

Es wundert mich bis heute, wie sie trotz dieser Ablehnung so engagiert waren. Sie lebten mir vor, wie man durch harte Arbeit wertvoller Teil der Gesellschaft werden konnte, und doch habe ich mich immer gefragt, wo bei diesem Lebensweg die Liebe blieb.

Ich habe mich in dem kleinen Ort Waldenbuch, in dem meine Eltern eine Arztpraxis aufgebaut hatten, nie heimisch gefühlt.

Sehr früh kam ich mir dort bereits wie ein Fremdkörper vor. Ich wusste, ich gehöre nicht dorthin.

Wirkliche Heimat habe ich in den Gottesmomenten über die Musik gefunden. Da fühlte ich mich zu Hause. Jedes Mal, wenn dieser Gottesmoment vorbei war und die Welt mich einholte, fühlte ich mich so, als wäre ich aus dem ewigen Paradies vertrieben worden.

Seitdem hoffe ich, dass ich eines Tages ganz dort ankommen werde. An diesem paradiesischen, ewigen Ort, an dem Subjekt und Objekt verschwinden, alle Tränen getrocknet sind und kein Leid mehr herrscht.

Es ist die spirituelle Sehnsucht, die uns auf die Suche schickt und auch nach Hause bringt.

Irgendwie tröstet mich der Gedanke, auch wenn ich nicht weiß, wo genau ich ankommen werde.

HUSUM, HAMBURG, RATZEBURG – QUO VADIS, DIGGER?

Die Sterne fielen über dem Wattenmeer, die Krabbenfischer kamen und gingen im Einklang mit dem Strom der Gezeiten. In den Salzwiesen brüteten die Vögel. Alpenstrandläufer, Austernfischer, Eissturmvögel, es war ein einziges Kommen und Gehen. Die graue Stadt am Meer wurde bunter und bunter. Dort, wo Jahrhunderte zuvor das Graue Kloster der Grauen Mönche im Husumer Stadtkern gestanden hatte, erwachte ein Meer lilafarbener Krokusse zum Leben.

Ich erkundete das Umland und lernte Schritt für Schritt das Handwerk eines evangelischen Pastors kennen. Die liturgischen Gesänge, die im Norden in den Gottesdiensten gesungen wurden, der Segen am Ende des Gottesdienstes, die Einsetzungsworte des Abendmahls, alles hatte eine alte Ordnung und Tradition.

Wenn ich frei hatte, besuchte ich meine Musikerkommune auf der Reeperbahn.

Immer wieder reiste ich mit dem Zug nach Ratzeburg. Lernte meine zukünftigen Kolleginnen und Kollegen kennen. Viele von ihnen hatten bereits Kinder und waren fest in ihrem Glauben verwurzelt. Kluge Köpfe allesamt und – im Vergleich zu meiner alten Welt – strukturiert und verlässlich. Ich genoss den gemeinsamen Austausch mit ihnen. Durch sie wurde mir bewusst, dass mein Leben bisher immer wieder auf sehr wackeligen Beinen gestanden hatte.

Für die nächsten drei Jahre wurden wir zu einer kleinen Gemeinschaft von Suchenden. Mit manchen bin ich bis heute eng verbunden.

Ich beschloss damals, mich in diese Gemeinschaft fallenzulassen, und die Entscheidung, ob dieser Weg der richtige sei, in Gottes Hand zu legen.

Ich rannte in den frühen Morgenstunden um den Ratzeburger See. Versuchte, mich so leer werden zu lassen, dass ich wieder den sehnsuchtsvollen Ruf Gottes hören konnte. *„Was willst du eigentlich von mir?“*, war das Mantra, das meine Füße in die schmalen, erdigen Wege um den See traten.

Für viele aus meinem alten Freundeskreis war Kirche mit vielen negativen Dingen verbunden. Ich bin dankbar, dass sie mich auf meinem Weg trotzdem immer unterstützten.

Ich wurde nicht gecancelt und aus dem Rudel der heulenden Punks ausgeschlossen. Sie vertrauten mir. Egal, was ich tat.

Und freuten sich natürlich, auch immer mal wieder Sprüche zu machen. Manche fanden es sogar mutig, dass ich aus der schützenden Blase der Hamburger Szene ausbrach und mich einer neuen Herausforderung stellte.

„Also in der heutigen Zeit Pastor zu werden, ist schon ziemlich Punk“, röhrte mir nach meinem Konzert einmal ein betrunkener Johnny Mocanelli ins Ohr und legte seinen Arm um mich. In dieser Zeit wurde meine freundschaftliche Beziehung zu Johnny Mocanelli so tief, dass er für mich zum Bruder wurde. Auf Lebenszeit.

Eines Tages kam er mit dem typischen Mocanelli-Grinsen auf mich zu.

„Hähähä, Ulf, ich bin jetzt auch Pastor. Pass auf, ich hab die Idee!“

Johnny hatte sich einen Reverend-Titel im Internet gekauft. Für 30 Dollar. Sein Plan war es, mit mir in einem kleinen, ranzigen Wohnmobil Elvis-Hochzeiten auf der Reeperbahn anzubieten und richtig Kohle zu scheffeln.

„Das wird deeeer Hammer, ich besorge dir eine Echthaarperücke, und wir holen uns enge Funkelanzüge! Das wird deeeer Hammer! Hier, ich bestell 'ne Elektroorgel …“

Es tat mir sehr leid, ihn enttäuschen zu müssen. Auch wenn ich mir sicher bin, dass wir damit wirklich Kohle gescheffelt hätten.

Die evangelische Kirche war für mich eine neue spannende Welt, die sich auftat. Ich spürte, wie unter den angestaubten

Teeküchen der Gemeinden und inmitten des Mobiliars aus den Siebzigern etwas Lebendiges, Vitales pulsierte.

Ich spürte, dass hier Teile einer großen Freiheit lagen, die ich so sehnsüchtig suchte.

Anders als an der Universität konnte ich hier alle Erfahrungen, die ich neben dem Studium gemacht hatte, einfließen lassen. Emotionale Intelligenz und Schwingungsfähigkeit waren gefragt – nicht die beste Übersetzung eines Bibeltextes. Wir mussten uns unseren menschlichen Schattenseiten stellen, miteinander in Gruppen agieren, mit Kritik umgehen oder den Projektionen anderer. Wir durften Träume und Visionen teilen, versuchten, auf Augenhöhe miteinander umzugehen, am Ende entschied ein gewählter Kirchengemeinderat demokratisch darüber, was als Nächstes in der Gemeinde passieren sollte, und genau wie in den selbstverwalteten Jugendzentren der Republik gab es zu jedem Scheiß immer ein Plenum.

SÜNDER UND HEILIGER

„Ich bin kein Heiliger, aber muss ich das sein?
Ich bin kein Heiliger, das bin ich nicht.
In mir ist es dunkel neben Neonflackerlicht."

Song: Kein Heiliger

Ich verschanzte mich hinter den Ratzeburger Klostermauern. Nutzte die dortige Bibliothek, die Gemeinschaft, die Atmosphäre. Die evangelische Kirche ging davon aus, dass jeder Mensch eine persönliche Beziehung zu Gott hat. Niemand war schlechter oder besser, heiliger oder unheiliger als der andere.

Es war kein Priester, keine Hierarchie notwendig, um zwischen Gott und Menschen zu vermitteln.

Der Heilige Geist weht, wo er will – in besetzten Häusern, verqualmten Tourbussen, auf Autobahnparkplätzen, in Tonstudios, an den Tresen St. Paulis und neben den Straßen Hamburgs, genauso, wie ich ihn schon immer erlebt hatte.

Meine Rolle als Pastor war es, Fenster zu öffnen und Räume zu schaffen, wo etwas wehen konnte. Aber ähnlich wie beim Musikmachen hatte es kein Mensch, kein Pastor, kein Priester in der Hand, ob Gottes Geist nun wehte oder nicht. Unverfügbar. Geheimnisvoll.

Martin Luther ging außerdem davon aus, dass jeder Mensch Licht und Schatten in sich trägt. Hinter jeder noch so gut aufpolierten Fassade stecken Zweifel, Angst, Verlangen, Neid, Beschränktheit, Depression in den verschiedensten Schattierungen. Das bedeutet aber nicht, dass wir weniger geliebte Wesen sind oder dass uns der Zugang zum Göttlichen versperrt wäre.

Manchmal müssen wir den eigenen schwarzen Hund zähmen, der uns den Weg zu den Erfahrungen versperrt, die wir brauchen, um mit der göttlichen Melodie zu schwingen.

Eine Melodie, die in allem ist. Die durch jede Ritze dringen kann, die uns erfüllt und begreifen lässt, dass Gott in allem steckt.

„Heilig, die Kinder der Nacht,
heilig, der Rhythmus des Lebens,
heilig, das Licht,
heilig, der Schatten,
heilige *Wilde Sehnsucht*,
heilige, heilende Tränen,
heiliger Rausch der Liebe,
heiliger Tanz durch das Leben,
heilig, heilig, heilig."

COBRA BAR, ST. PAULI

„Spielt schneller, die Bullen kommen", rief ein alter Nietenpunk aus der Menge heraus und lachte scheppernd. Wir gaben das Beste, um in unserem zweiten Wohnzimmer, der *Cobra Bar*, unserem Heimathafen gegenüber dem Waschsalon und dem Hans-Albers-Platz, zu überzeugen. *P Dog* legte hier regelmäßig bis in die frühen Morgenstunden auf. Alle liebten das sündige Schlangennest. Selbst der Türsteher war so mit dem Laden verbunden, dass er sich den Cobrakopf des Clubs auf den Hals hatte tätowieren lassen. Feinster Punkrock, rotes und orangenes Licht.

Als wir gefragt wurden, ob wir hier ein Geheimkonzert spielen wollten, ohne Werbung, nur bekanntgemacht durch Mundpropaganda, überlegten wir nicht lange. Irgendwie schuldeten wir diesen heiligen Hallen doch einiges. Zumal sich auch hartnäckige Gerüchte hielten, der Laden würde nicht mehr lange durchhalten. Gierige Investoren hatten vor, die Miete zu erhöhen, die Nachbarschaft wurde zunehmend lärmempfindlicher, das Gentrifizierungskarussell drehte sich auf widerliche Art und Weise.

Also taten wir, was wir am besten konnten. Wir spielten, als hinge unser Leben davon ab. Bereits nach einer halben Stunde Vollgas in der überfüllten Bar tropfte es amtlich von der Decke. Dann öffnete sich die Tür und flackerndes Blaulicht mischte sich komplementärkontrastierend gegen das verschwitzte Rot-Orange.

Ich weiß nicht genau, ob der alte Nietenpunk damals hellsehen konnte oder wer die Polizei alarmiert hatte. Für uns war an diesem Abend die Show auf jeden Fall vorbei – nicht aber die Feier, die sich an das Konzert anschloss. Wir hoben gemeinsam ab, schwebten über den Kiez und landeten am Morgen, nach frisch Frittiertem lechzend, bei *Hesburger*, dem Fresstempel unserer Wahl, mit fettigen Pommesfingern und vollem Herzen.

Auf dem Weg nach Hause bahnte sich vor einer Bar die Mutter aller Schlägereien an. Kurz bevor das gewaltvolle Gewitter losbrach, die erste Faust in ihr Ziel geschleudert wurde, der erste Barstuhl durch die Luft segelte, war es, als wäre die Luft elektrisch aufgeladen. Als würde sich die gesamte Energie des Universums auf einen Punkt konzentrieren, die Materie sich zusammenziehen, die Zeit für einen kurzen Moment stillstehen.

Dann drückte eine spürbare Energiewelle über das Kopfsteinpflaster des Hans-Albers-Platzes und alles explodierte. Wieder näherte sich blaues, flackerndes Licht.

Ich erinnerte mich an eine Beobachtung Sigmund Freuds, der in der Betrachtung des Moses von Michelangelo über den Affektausbruch Moses schrieb, kurz bevor dieser die von Gott beschriebenen Gesetzestafeln zerschmetterte.

Während alle Prostituierten, die zwischen Hans-Albers-Platz und Davidstraße standen, sich mit schnellen Schritten in Sicherheit brachten und ich mich beeilte, es ihnen gleichzutun, fragte ich mich nur: *Was ist das für eine destruktive Energie?*

EIN TON WIE EIN GEBET

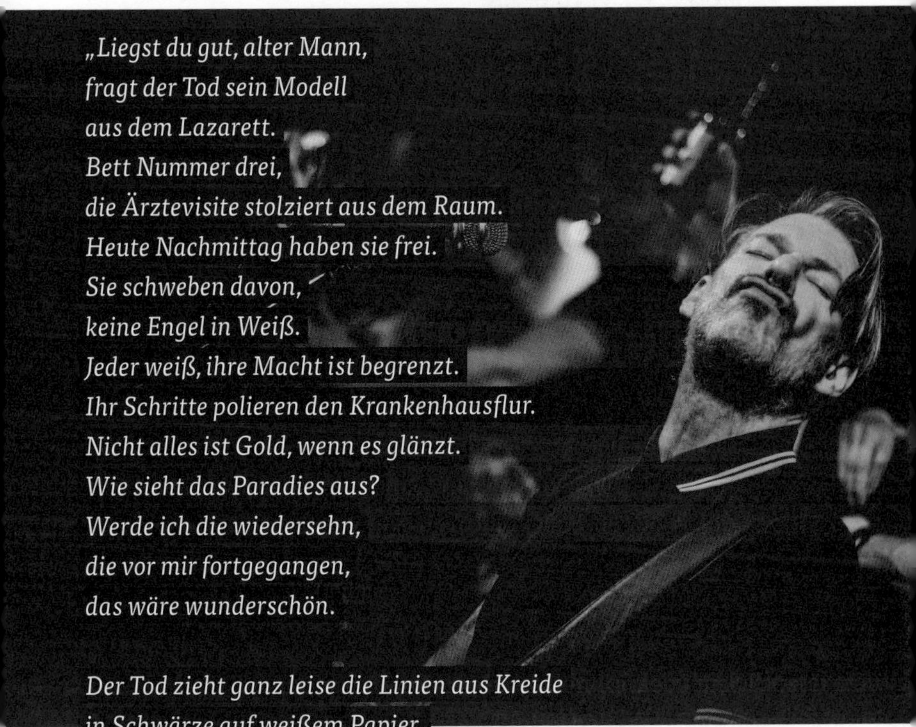

„Liegst du gut, alter Mann,
fragt der Tod sein Modell
aus dem Lazarett.
Bett Nummer drei,
die Ärztevisite stolziert aus dem Raum.
Heute Nachmittag haben sie frei.
Sie schweben davon,
keine Engel in Weiß.
Jeder weiß, ihre Macht ist begrenzt.
Ihr Schritte polieren den Krankenhausflur.
Nicht alles ist Gold, wenn es glänzt.
Wie sieht das Paradies aus?
Werde ich die wiedersehn,
die vor mir fortgegangen,
das wäre wunderschön.

Der Tod zieht ganz leise die Linien aus Kreide
in Schwärze auf weißem Papier.
Und der alte Mann lacht, reckt das Kinn und posiert
Richtung Lazarett Bett Nummer vier.
Ein Gesicht, das gezeichnet vom Meißel der Zeit.
Vögel singen da draußen von Ewigkeit.
Im Riss einer Mauer aus Stahl und Beton
entpuppt sich ein Schmetterling aus dem Kokon
und fliegt davon.

Wie sieht das Paradies aus?
Werde ich die wiedersehn,
die vor mir fortgegangen,
das wäre wunderschön.
Wie sieht das Paradies aus,
es ist jetzt bald so weit.
Ich kann es kaum erwarten,
Bruder Schlaf, ich bin bereit."

Song: Paradies

Das Rad der Zeit drehte sich weiter.

Die nächste Station meiner Ausbildung war das städtische Krankenhaus in Kiel. Ich sollte dort lernen, was es bedeutet, Menschen in Krankheitskrisen zu begleiten. Also pendelte ich jeden Morgen mit dem Zug nach Kiel.

„Gehen Sie ruhig ins Zimmer, wenn Sie unbedingt wollen. Da liegt halt ein alter Mann, der nicht begreift, dass er sterben muss."

Der Professor zuckte mit den Schultern und ging mit quietschenden Schritten den Krankenhausflur weiter entlang, gefolgt von seiner ganzen Entourage in Weiß.

Warum wohl manche Ärzte so gereizt reagieren, wenn sie mit ihrem Latein am Ende sind? Vielleicht ist es ihre eigene Hilflosigkeit, die da spricht. Oder die Wut, dass alle Heilkunst versagt hat? Als wäre es eine Unverschämtheit von den Patienten, einfach so zu sterben. Ohne Rücksprache und Erlaubnis.

Ich war nun in jedem Fall gekommen, um einen alten Mann zu besuchen, der im Sterben lag.

Ich öffnete die Türe des Krankenzimmers und blickte auf ein mir zugewandtes nacktes weißes Hinterteil, das aus einem nach hinten offenen Krankenhaushemd leuchtete. Ich räusperte gegen den auf sehr laut eingestellten Fernseher an.

„Guten Tag. Ich bin die nächsten Wochen hier als Seelsorger auf Station unterwegs. Ich wollte einmal fragen, ob bei Ihnen Interesse an einem Gespräch besteht."

„Ja, sehr gerne! Setzen Sie sich doch!"

„Danke, darf ich den Fernseher leiser stellen? Mir ist es wichtig, dass ich Ihre Worte gut verstehen kann!"

„Ja, gerne, ich merke das schon gar nicht mehr."

Wir redeten, nicht nur an diesem Tag, sondern auch am darauffolgenden Tag und dem danach.

Ein ganzes, langes und wertvolles Leben wurde mir erzählt. Seine Geschichte von der Fahrt mit der Transsibirischen Eisenbahn, die Frage nach dem, was nach dem Tod ist, ob man sich verbrennen oder beerdigen lassen sollte und vieles mehr.

Ich glaube, viele dieser Geschichten sind Schätze, die ich im Herzen behalten habe. Ich werde sie hüten, solange ich lebe, in der Hoffnung, möglichst wenige zu vergessen. Denn wenn die Erinnerung stirbt, bleibt nicht mehr viel anderes.

Geschichten, die uns erzählt werden, können unser Herz berühren und in uns etwas zum Klingen bringen, unser

Leben womöglich auf die eine oder andere Weise positiv beeinflussen.

Ein Teil des Erzählten lebt in uns weiter. Bis wir es vergessen oder es Teil von unserem Körpergedächtnis geworden ist.

Mir haben schon viele trauernde Menschen die Lebensgeschichten ihrer Liebsten anvertraut, und jede hat mich berührt und manchmal auch verändert.

Das ist ein Geschenk, aber auch eine Verantwortung, die es zu tragen gilt.

Der alte Mann erzählte, wie 1962 Louis Armstrong in der Kieler Ostseehalle ein Konzert gegeben hatte, bei dem er mit seiner Trompete einen Ton spielte, der so stark und intensiv war, dass sich alle im Raum wie durch goldene Fäden verbunden fühlten.

Ein Ton wie ein Gebet.

Das ist die Kraft von Musik und Resonanz, ein musikalischer Gottesmoment.

Ich hatte bei der Erzählung Gänsehaut am ganzen Leib, ich fühlte diesen hohen Trompetenton, der durch die Jahrzehnte zu mir klang. Noch heute bin ich dankbar für dieses Geschenk.

Als ich am Tag darauf das Krankenzimmer betrat, zog eine Schwester gerade das Laken des Bettes ab. *„Er ist in der Nacht verstorben, hat man Ihnen das nicht erzählt?"*

Ruhe in Frieden und grüße Louis Armstrong, die goldene Himmelstrompete, von mir.

Menschen, die andere Menschen über die weltliche Ziellinie in die Ewigkeit begleiten, haben das Privileg und die Verantwortung, viele Lebensgeschichten anvertraut zu bekommen. Auch wenn die Namen und die Gesichter der Verstorbenen in meinem Kopf verblassen, durch ihre berührenden Geschichten werde ich für immer mit ihnen verbunden sein.

Es ist ein Geschenk, Menschen auf ihrem Weg von der Wiege zur Bahre begleiten zu dürfen. Immer wieder wechseln wir dabei auf erstaunliche Weise die Rollen. Oft wurden mir die Menschen, die bereit waren in die Ewigkeit einzugehen, zu Lehrmeistern.

Sie wurden mir Propheten und Professor*innen, nach denen ich so lange gesucht und die ich an der Universität nicht gefunden hatte.

NEW YORK, NEW YORK

„In der Mitte der Nacht hatte ich dich gefragt,
warum hast du im Schlaf so geweint?
Du liefst auf und davon, aus dem schlafenden Haus,
und ich blieb mit der Frage allein.
Eine Woche darauf kam ein Brief aus New York, in dem stand:
‚Sugar Baby, verzeih! Vielleicht finde ich hier,
was ich will oder bin,
und dann sag ich dir direkt Bescheid.'
New York, New York
und eine streunende Katze im Regen.
Bei mir im Dorf
löscht man das Licht um kurz nach zehn.
Als ich weiterlas, wurde mir schmerzlich bewusst,
die Hoffnung auf Rückkehr war klein.
Denn sie endete ihren Abschiedsbrief philosophisch
mit folgenden Zeil'n:
‚Häng dein Herz nicht an etwas, was nicht bleiben kann,
leere Hände bist du nicht gewohnt,
du wirst unglücklich sein, wenn der Zauber erlischt,
ohne mich bleibst du davon verschont.'"

Song: New York, New York

Es war ein großes Glück für mich, Teil dieser kleinen Gemeinschaft von Gottessuchern in Ratzeburg zu sein. All das, was ich im Universitätsstudium nicht gefunden hatte, konnte hier gesucht werden.

Die Lehrenden kamen selbst alle aus der Praxis, keine Drachen, sondern Menschen, die uns auf Augenhöhe begegneten. Sie zeigten sich selbst mit allem Licht und Schatten.

Ich hatte das Gefühl, in diesem Predigerseminar der Nordkirche, der alten Klosteranlage mitten in der Ratzeburger Seenplatte, zum ersten Mal wirklich zu studieren.

Nach den verschieden Stationen – Schule, Gemeinde und-Krankenhaus – griffen wir gemeinsam nach den Sternen. Wir organisierten eine Studienreise nach New York, sammelten Geld für die Flüge und konnten es kaum glauben, als wir dann tatsächlich einige Zeit später über den großen Teich flogen.

Direkt in die Arme der spirituell pulsierenden Metropole.

Die magisch und geheimnisvoll funkelte, sodass wir auch anfingen, magisch und geheimnisvoll zu funkeln. Hier war alles möglich. *„This is a Brooklyn bound D Train“*, schepperte es aus den Boxen der U-Bahn-Station, und wir stiegen ein in unseren silbernen Walfisch, bereit, uns an neue Ufer tragen zu lassen.

YMCA Hostel Westside mit Blick über den Central Park, wir waren im siebten Himmel, ignorierten die Bedbugs, die unter den wackeligen Stockbetten der kleinen Zimmer lauerten, wurden vom Rhythmus der Königin der Großstädte ergriffen, aufgeladen, in Bewegung gesetzt.

Wir rauschten in die South Bronx, dort hatte sich in den 90ern eine junge Gemeinschaft von Franziskanermönchen gegründet, sie nannten sich *The Franciscian Friars of the Renewal*. Sie hatten im ärmsten Teil der Stadt ein

Community Center aufgebaut, brachten Hoffnung und Liebe in das Viertel.

Sie führten uns durch die Straßen der Bronx, luden uns zu ihrer an diesem Tag stattfindenden Blockparty ein. Hot Dogs, strahlender Sonnenschein und eine Gemeinschaft von Menschen, die miteinander deutlich machten, worauf es wirklich im Leben ankam. Die Franziskanermönche lebten in selbstgewählter Armut, manche hatten nicht einmal einen Kühlschrank.

Ihre strahlenden Gesichter werde ich nie vergessen, denn sie verkörperten die Lehre des heiligen Franz von Assisi: *„Ein Mensch mit gütigem, hoffendem Herzen fliegt, läuft und freut sich; er ist frei. Weil er geben kann, empfängt er; weil er hofft, liebt er."*

Ich versuchte, die Eindrücke dieses gelebten Glaubens in mich aufzusaugen und im Herzen zu bewahren. Sie wirkten alle so frei und leicht, als hätten sie verstanden, worauf es wirklich im Leben ankommt.

Ich spürte, wie viel Heilsames in ihrer klaren Einfachheit steckte.

Ein fröhliches Herz gegen den schwarzen Hund.

Liebe gegen die Angst.

Geduld gegen den Zorn.

Zufriedenheit gegen Gier und Habsucht.

Demut gegen die Gefahr, sich über andere zu stellen.

Hier war Göttliches am Werk.

Wie gerne wäre ich geblieben, doch der silberne Walfisch rief wieder nach uns und wir folgten.

Immer wenn die Sonne über dem Central Park unterging, erkundete ich die anderen Ecken New Yorks. Besuchte das legendäre *C-Squat*, das mir durch unsere gemeinsamen Konzerte mit unseren New Yorker *Crustpunkern* zum Begriff geworden war, und nutzte die Chance, die legendären *Buzzcocks* live zu sehen.

Die *Webster Hall* war vollgestopft bis obenhin. Schweiß tropfte von der Decke.

Vom Rudeboy bis zum Oi!-Skin, von Mod bis Schlipsträger, Punk bis Skater – alle feierten zusammen. In jeder Melodie, die sie sangen, in jedem Gitarrenriff, in jedem Bier, das durch die Luft segelte, überall war diese göttliche, alles verbindende Energie. Auch die Texte strahlten – leidenschaftlich rezitierte Punkrockmeditationen, aus denen ich dieselbe *Wilde Sehnsucht* heraushörte, die mich am Leben hielt: die Jagd nach den ungreifbaren Momenten.

Auf dem nächtlichen Weg zurück durch die Straßenschluchten Manhattans dampfte es aus dem Boden durch die im Asphalt eingelassenen, glänzenden Gullydeckel und orange-weiß gestreiften Plastikrohre.

Wie der sich langsam auflösende Wasserdampf des alten New Yorker Heizungssystems verließ mich mit jedem Ausatmen die köstliche Euphorie des erlebten Moments. Bis nur noch ein kleiner funkelnder Rest zurückblieb, der angenehm warm im Herzen nachglomm.

Gott steckt in allem. Ob er mir morgen wieder begegnen würde?

Es gab noch viele New Yorker Gottesmomente, die direkt in mein Hamburger Herz flossen. Ein Spiel der New York Yankees, Besuche an den theologischen Seminaren, ein Morning Prayer an der Wall Street, der Hindu Tempel in Queens, das Fastenbrechen im Hillside Islamic Center, ein nächtlicher Spaziergang über die Brooklyn Bridge zurück in die Arme Manhattans.

Besonders in Erinnerung bleibt mir die Organisation *God's love we deliver*, die Essen an Menschen auslieferte, die zu krank waren, um vor die Tür zu gehen. Wir halfen für einige Stunden beim Ausliefern, und ich staunte, welche Wertschätzung uns in dieser kurzen Zeit entgegengebracht wurde.

Auf der Fahrt zum Flughafen schloss ich für einen Moment die Augen und dachte an meine Zeit zurück, in der ich als Sozialarbeiter im sozialpsychiatrischen Dienst Hamburgs tätig gewesen war.

„Wollen Sie Pastor werden oder Sozialarbeiter?“, hatte man mich zu Beginn meines Vikariats gefragt.

Damals wusste ich noch zu wenig über den Pastorenberuf, um die Frage genau zu beantworten.

Mittlerweile würde ich zurückfragen: *„Muss es denn immer ein Entweder-Oder sein?“*

Gibt es überhaupt ein Wort ohne Tat?

Wir landeten in Hamburg. Der Himmel weinte.

„Plötzlich gekommen,
dieser eine Moment,
von uns genommen,
die Verbindung getrennt.

Ich schreie im Schlaf,
ich weine am Tag,
dann werde ich müde,
du bist nicht mehr da.

Wie geht es weiter,
Pläne waren gemacht,
dass uns die Zeit fehlt,
hätte ich nie gedacht.

Ich schreie im Schlaf,
ich weine am Tag,
dann werde ich müde,
du bist nicht mehr da.
Immer noch dunkel,
viel zu dunkel für mich,
Sonne, wo bist du,
dichter Nebel um mich.

Ich bete um Trost,
doch kein Trost ist in Sicht,
vielleicht irgendwann mal,
aber heute noch nicht."

Song: Heute noch nicht

DUNKEL

Der Tag, an dem mein Vater starb, war schwarz. Ich kam gerade aus dem Proberaum meiner Band, einem alten Luftschutzbunker im Herzen Hamburgs. Meterdicke Betonwände, kein Telefonnetz, keine Ablenkung, dicke Metalltüren.

Wenn hier zu einer gewissen Uhrzeit das Licht ausging, war alles tiefschwarz. Wir hatten es uns dort gemütlich gemacht. Warmes, orangefarbenes Licht aus vom Sperrmüll zusammengeklauten Omalampen, Bandplakate vergangener Shows an den Wänden und der Decke. Summende Röhrenverstärker, ein funkelndes Drum-Kit, abgewetzte Marshall-Boxen und eine Ecke, in der wir säckeweise Pfandflaschen sammelten, so lange, bis sich irgendwer erbarmte und die Säcke zum Pfandautomaten schlurrte. Ich liebte diesen Ort, seinen Geruch, die Lieder, die dort entstanden, die Zeit, die wir als Gemeinschaft miteinander verbrachten. An diesem Ort ohne Ablenkung schufen wir den Soundtrack unseres Lebens: glorreiche Akkorde, abgefuckte Riffs. Und als unser Gitarrist für einige Zeit ohne Wohnung war, wurde dieser Ort für ihn zu einem zweiten Zuhause.

Jedes Mal, wenn man den Bunker mit seinen dicken Wänden verließ, griff die Welt wieder mit aller Gewalt nach uns allen. Sie rollte über uns hinweg. Die Smartphones begannen zu summen und zu blinken. Es ging zurück in den Sturm des Lebens.

16 Anrufe in Abwesenheit – von der gleichen Nummer sind nie ein gutes Zeichen.

Zahlreiche Nachrichten: *„Komm schnell nach Hause."*

Als ich in der Davidstraße ankam, stand Doro vor mir.

„Dein Vater ist gestorben."

Wortlos ging ich in das Zimmer, in dem mich damals bereits der schwarze Hund gebissen hatte.

Als ich die Tür schloss, öffnete sich vor mir der Fußboden und ich fiel in die Dunkelheit.

Da war nichts. Kein Gott. Kein Licht. Alles schwarz.

In jedem Trauergespräch, das ich später führte, bei jeder Beerdigung, in jeder Seelsorgesituation habe ich versucht, diesen Moment zu respektieren.

Es geht in diesem Moment nicht darum, ein Licht in der Dunkelheit zu suchen. Es geht darum, gemeinsam die Dunkelheit auszuhalten und irgendwann zu lernen, mit ihr zu leben.

ALLES FLIESST

„Alles fließt,
fließt davon,
alles hat das Wasser mitgenommen,
alle Lügen, alles Leid
relativiert, relativ leicht, der Strom der Zeit.

Wenn das Rauschen in die Stille explodiert,
kommt die Welle voller göttlicher Musik,
reißt dich mit durch schweigende Ruinen
zu der Melodie.
Liebe hat den Tod besiegt.

Der Deich ist gebrochen,
das Wasser, es kommt,
tanz, tanz,
das Wasser, es kommt,
es reißt alles mit,
spült das Schwere davon,
tanz, tanz,
das Wasser, es kommt."

Song: Ganz in Weiß

Dass Trauer in den Fluss gebracht werden muss, damit sie keinen langfristigen Schaden in der Seele eines Menschen anrichtet, hatte ich in meiner Ausbildung zum Pastor gelernt.

Menschen, die andere geliebte Menschen aus Verlustangst nicht loslassen, können leiden. Sie werden starr, klammern sich an jede Erinnerung. Es gibt sogar Fälle, in denen Trauernde noch weiter den Tisch für den geliebten Verstorbenen decken. Sie schaffen es nicht, mit dem Verlust klarzukommen. Leben in einem schwarzen Loch, aus dem es keinen Ausweg gibt.

Dass es wichtig ist, sich dem Verlust zu stellen, ihn anzunehmen, hatte ich gelernt. Wenn aber die Trauer so tief im Herz sitzt, dass alles wehtut, interessiert es Trauernde einen Dreck, was nun theoretisch gut oder schlecht ist.

Mir ging es genau so.

Ich spürte eine solche Sehnsucht danach, meinen Vater noch einmal zu sehen. Ihn zu berühren. Ihm die Dinge zu sagen, die noch ungesagt waren. Ich hielt es kaum aus und verfiel in einen wilden Aktionismus. Rannte über die Reeperbahn, vorbei an den mir nachrufenden Prostituierten der Davidstraße, über die am Boden liegenden Betrunkenen. Fuhr mit der S-Bahn zum Hauptbahnhof. Ich erinnere mich kaum noch an die lange Zugfahrt nach Süddeutschland.

Ich erinnere mich daran, dass man mich an der Rezeption des Krankenhauses zuerst nicht ins Kühlhaus lassen wollte – den Ort, an den sie meinen verstorbenen Vater gebracht hatten. Auch hatte ich gelernt, dass es mein gutes Recht war, meinen Vater zu sehen und Abschied zu nehmen.

„Ich möchte JETZT meinen Vater sehen", sagte ich. Ich weiß nicht, ob es die Art war, wie ich es gesagt habe, die Erinnerungen sind etwas verschwommen.

Ich erinnere mich an die Fahrt mit dem Aufzug ins Kühlhaus, ich erinnere mich, wie ich dem Zivildienstleistenden, der uns begleitete, etwas Geld in die Hand drückte, ich erinnere mich, wie mein Vater aus der Kühlkammer geschoben wurde, wie ich ihn berührte und wie ich spürte, dass seine Seele nicht mehr in seinem Körper war.

Ich konnte nun annehmen, dass er nicht mehr da war.

Auf der Fahrt zurück nach Hamburg brachen die Dämme.

Die Tränen konnten fließen.

Ich konnte trauern.

Die Zeit tat das Übrige.

LAND IN SICHT

Das Ende meiner Ausbildung kam langsam in Sicht, und unserer kleinen Gemeinschaft von Gottessuchern wurde bewusst, dass sich die Jahre der Ausbildung hinter den alten Mauern des Ratzeburger Domklosters dem Ende neigten.

Wir waren bereit, uns den letzten Prüfungen zu stellen, absolvierten das Zweite Theologische Examen.

Stellten uns der Frage, ob wir danach in den Dienst der Nordkirche treten wollten oder nicht.

Für mich war der mögliche Weg aus meiner schützenden Punkrock-Bubble angstbehaftet.

Wollte ich wirklich den Sprung wagen, mich dieser neuen Herausforderung zu stellen? Mich mit Menschen auseinandersetzen, die vielleicht anderer Meinung waren als ich?

Immer der perfekte Strahlemann sein?

Andererseits hatte ich so viele spannende Menschen kennengelernt in den letzten Jahren der Ausbildung. Ich war gefördert, herausgefordert und an Orte geführt worden, die ich selbst nie gefunden oder gesucht hätte.

Wie durch ein Wunder waren immer wieder Menschen in mein Leben getreten, die mich weiter gebracht hatten auf meinem Zickzackweg durchs Leben.

Ich wusste, ich musste nicht der strahlende Held sein. Martin Luther hatte mir die Tür zu einer Welt aufgeschlossen, in der ich mit allem Licht und Schatten glücklich werden konnte.

Dennoch entschied ich mich zunächst gegen die Ordination. Rannte davon.

Bewarb mich auf einen Job als Sozialarbeiter. Wieder sozialpsychiatrischer Dienst. Lieber mehr Tat als Wort.

Kurz vor der Vertragsunterzeichnung klingelte das Telefon.

„Herr Werner, wir hätten einen Job für Sie, eine halbe Stelle in einer Gemeinde und eine halbe Stelle als Projektstelle für Popmusik. Da könnten Sie Ihre Musik mit einbringen. Wäre das nicht etwas für Sie?“

Auf einmal spürte ich sie wieder – diese *Wilde Sehnsucht*.

Am 24. Juni 2018 wurde ich im Lübecker Dom ordiniert.

Die Bischöfin nahm mir in ihrer Predigt die Angst, am falschen Ort zu sein. *„Vertraut der Stimme aus der Wüste, die euch ruft und provoziert“*, sagte sie, und ich ließ mich an diesem Tag ins Neue fallen, in der Hoffnung, getragen zu werden.

Ich wurde entsandt, in die Gemeinde Meiendorf-Oldenfelde im Osten Hamburgs und an das Popinstitut der Nordkirche.

Hamburg Calling.

Again.

GLÄSERNES GLÜCK

„Ich hab noch nie so laut zu dir geschrien
wie vor den Toren des Todes.
Hab dich noch nie so nah gespürt, Gott,
wie vor den Toren des Todes.
Mein Herz war geladen und entsichert,
dort, vor den Toren des Todes.
Unendliche Liebe,
unendlichen Hass
schoss ich auf dich,
vor den Toren des Todes.
Du bist das Feuer, das gibt,
das Feuer, das nimmt,
verbrenn meine Fragen,
sie sind ohne Antwort,
zerstreu ihre Asche im Wind."

Song: Tore des Todes

„Herzlichen Glückwunsch! Sie werden Vater. Zwillinge."

Eine gigantische Welle der Gefühle durchflutete meinen Körper, noch nie hatte ich so viel Liebe und Glück in mir gespürt.

Gleichzeitig erfüllte mich eine noch nie dagewesene Angst, genau dieses zerbrechliche Glück wieder zu verlieren.

Es war, als würde sich etwas in mir verwandeln: Ein biologischer Schalter wurde umgelegt, ab jetzt würde es nicht mehr nur um mich gehen.

Mein Freundeskreis reagierte unterschiedlich.

In meinem Punkrock-Rudel war nicht jeder begeistert. Viele hatten sich bewusst gegen Kinder entschieden. Konnten mit der Nachricht wenig anfangen.

„Oh mein Gott, Kinder, kann man da nicht noch was machen?“

Immer mehr wurde mir bewusst, dass sich etwas ändern würde in meinem Leben. Dass manche Freundschaften in den Hintergrund treten oder sich möglicherweise auflösen würden.

An manchen Tagen war ich darüber unsagbar wütend oder enttäuscht. Gleichzeitig spürte ich eine innere Kraft.

Die Liebe zu Doro und zu den noch ungeborenen Kindern war so stark, wir würden es verkraften.

Es war keine Bilderbuchschwangerschaft. Wir verbrachten viel Zeit im Krankenhaus.

In den Tagen haderte ich viel mit Gott und der Welt.

Glühender Hass an schlechten Tagen traf auf unendliche Liebe an guten Tagen.

Ich spürte Gott so nahe wie sonst nie.

Im Licht. Im Schatten.

Im Herzschlag der Kinder auf den Überwachungsmonitoren.

In dem Lied von Bonhoeffer, das ich immer wieder sang, kurz bevor wir die Intensivstation verlassen mussten, weil die Besuchszeit für den jeweiligen Tag vorbei war.

„Von guten Mächten wunderbar geborgen …“

Ich erinnere mich an den langen Weg von der Kinderintensivstation zu unserem parkenden Auto. Ich hörte mit halbem Ohr die Gespräche derer, die mit uns in die silbernen Krankenaufzüge mit den großen Spiegeln einstiegen.

Einmal war es eine Mutter, die sich am Telefon darüber ausließ, dass ihr Kind „schon wieder ein Junge“ geworden sei, obwohl sie doch so gerne ein Mädchen gehabt hätte. Andere regten sich über das Essen auf, wieder andere weinten leise.

Immer noch fällt es mir schwer, über diese Zeit zu schreiben, obwohl schon Jahre vergangen sind.

In dieser Zeit wurden Doro und ich zu einer Einheit. Wir würden nicht aufgeben, für unsere Kinder zu kämpfen.

WEICHES HERZ

„Immer wenn es gut lief, warst du da,
das Glas randvoll, der Strand so nah,
und überall wurde gesungen.
Wo sind all die Lieder hin,
ist unsere Melodie verklungen?
Was sagt der weite Ozean,
wenn eine Freundschaft untergeht?
‚Bist du ein guter Freund gewesen,
Hast du dir das mal überlegt?'
Ich schreie ‚Ja' laut in den Wind,
das Echo antwortet mit ‚Nein'.
Warum muss dieser fucking Ocean
erbarmungslos entlarvend sein?
Die Steine rollen von der Seele,
alles wird auf einmal leicht,
spende dem Wasser eine Träne,
endlich bin ich wieder frei."

Song: Fucking Ocean

An die Leerstellen mancher Freunde, die uns in dieser wackeligen Zeit verließen, traten Menschen, mit denen wir so nicht gerechnet hätten. Sie halfen uns, ohne zu zögern, ließen uns spüren, was Liebe auch in stürmischen Zeiten bedeutete. – Sogar ein Auto organisierten sie uns, das mir ermöglichte, zwischen den beiden neuen Jobs und dem Universitätsklinikum hin und her zu pendeln.

Nie werde ich diese Zeit vergessen.

Auch nicht, wie mir Doro erneut etwas beibrachte, was mein zukünftiges Leben auf besondere Art beeinflusste. Eines Tages, als ich neben ihr am Krankenhausbett saß, ergriff sie meine Hand und sah mich lange an.

„Ich wünsche mir, dass wir kein hartes Herz bekommen, auch nicht denen gegenüber, die sich gerade nicht melden. Manche werden überfordert sein mit der Situation und melden sich deswegen nicht, andere werden andere Gründe haben. Versprich mir, dass du kein hartes Herz bekommst. Es darf auch Gutwetterfreunde geben."

Mit dieser Aussage hatte sie mir direkt in die Seele geblickt. Auf die vielen Steine des Zorns, die ich dort fleißig angehäuft hatte.

Ich begann zu weinen, öffnete die Schleusen, ließ das Wasser die Brocken davonspülen, bis nur noch wenig Ballast blieb.

Ich merkte, wie ich leichter wurde. Deutlich. Und fragte mich, wie Doro es immer wieder schaffte, in den Situationen, in denen alles schwer war, etwas zu sagen, was die Welt für mich veränderte.

Verzeihen macht das Herz leichter.

Mittlerweile verstehe ich mit meinem ganzen Körper, warum der goldene Satz *„Und vergib uns unsere Schuld, wie auch wir vergeben unseren Schuldigern"* heilig ist.

Er hat die Kraft, wie eine Zauberformel zu wirken, indem er uns hilft, leicht zu werden und lehrt zu fliegen.

Irgendwann war wieder Raum für Dankbarkeit.

Auch wenn es bisher die herausforderndste Zeit meines Lebens war und ein paar der alten Freunde verschwunden blieben – es ist erstaunlich, was die Zeit alles verwandeln kann und wie glücklich die Liebe macht.

Ich lernte zu verstehen, warum manche meiner Freunde gerade in der für mich schweren Zeit nicht helfen konnten. Manche hatten Angst gehabt, waren selbst überfordert gewesen oder wollten uns nicht auf die Nerven gehen. Gleichzeitig erkannte ich, dass ich mich in dieser schweren Zeit selbst eingeigelt und zurückgezogen hatte.

Als wir ein Jahr später mit freudig quietschenden Kindern und einer Dachbox voller Windeln auf dem Auto durch weite schwedische Wälder fuhren, musste ich für einen Moment an unseren schweren gemeinsamen Anfang mit den Kindern denken.

Er hatte unser Leben verändert. Uns herausgefordert. Unsere Beziehung tief werden lassen.

Auf einmal tönte aus den Boxen unseres alten Bullis die Stimme Bob Marleys:

„Good friends we have, oh, good friends we've lost
Along the way.
In this great future, you can't forget your past,
So dry your tears, I seh.
No, woman, no cry,
No, woman, no cry."

Unsere Hände fanden sich.

Ich spürte unsere Verbindung und die Liebe, die dazukam.

In diesem Moment war alles perfekt.

SHAKE IT OFF

„Solange ich atme,
werde ich hoffen.
Für mich ist die Liebe
zu dir ungebrochen.

Wenn du mich fragst,
warum bist du hier?
Nur wegen dir,
nur wegen dir.

Zwischen den Zeilen,
zwischen den Phrasen.
Reflektierendes Glitzern
in den Pfützen der Straßen,
durch mich geht ein Riss,
doch du siehst das Licht,
durch alle Kaputtheit
scheint es für dich.

Lass sie doch reden,
die nicht an uns glauben.
Sie wollen nicht beten,
sie würden nie aufstehen,
sie würden nie kämpfen.
Es gibt keine Grenzen,
ich werde dich lieben
noch über das Ende hinaus."

Song: Der Riss

Nach der intensiven Zeit im Krankenhaus und dem Überlebensmodus, in dem wir uns befunden hatten, versuchte ich meinen Schutzpanzer, den ich mir in der Zeit angelegt hatte, wieder abzulegen.

Es war wichtig gewesen, stabil zu bleiben und die eigene, innere Anspannung nicht an den falschen Stellen herauszulassen. Aber irgendwie wollte sich die allgemeine Verspanntheit nicht lösen.

In dieser Zeit lernte ich eine Pastorin kennen, die nicht nur als Pastorin, sondern auch als ausgebildete Traumatherapeutin Eltern in schweren Krisen begleitete, ihnen Beratung und Raum bot für Trauer. Sie half denjenigen, die sich mit dem schlimmstmöglichen Schicksalsschlag auseinandersetzen mussten: dem Tod eines Kindes.

Als ich ihr eines Tages von unserer Zeit im Krankenhaus erzählte, zeigte sie mir eine Körperübung, die mir half, die eigene innere Anspannung abzubauen.

Es war eine therapeutische Übung, inspiriert von Beobachtungen aus der Tierwelt.

Bei Tieren, die einer Verfolgungssituation entkommen und dem Tod kurz zuvor von der Schippe gesprungen waren, hatte man festgestellt, dass sie sich flach auf die Erde legen und zu zittern beginnen. Sie schütteln so ihren Verfolgungsstress ab, stehen danach auf und traben zurück ins Leben.

Dieses heilsame neurogene Zittern durchfuhr nun auch meinen Körper, und ich merkte, welche Rolle mein

Körper bei der Verarbeitung meiner Gedankenkarussells und Angespanntheit doch spielte.

Die Übungen halfen, wieder schwingungsfähiger für die Melodie des Lebens zu werden.

Ich zitterte und zitterte und zitterte mich zurück ins Leben.

Es ist erstaunlich, wie uns auf unserem Tanz durch die Jahrzehnte an bestimmten Punkten genau die Menschen begegnen, die wir in diesem Moment brauchen.

Manchmal scheint es so, als wäre alles auf seine Weise miteinander verbunden. Ein unsichtbares Geflecht oder vielleicht Gottes großer Masterplan?

Vielleicht gibt es viele dieser Momente, die uns nicht bewusst werden, aber manchmal erkennen wir einen solchen Moment und erleben dieses große Staunen über die Geheimnisse und Wunder unseres Lebens.

VON DER WIEGE BIS ZUR BAHRE

Die Arbeit als Gemeindepastor im Hamburger Osten war vielfältig. Von der Wiege bis zur Bahre begleitete ich die Menschen. Mit jeder Taufe, jeder Hochzeit, jeder Beerdigung lernte ich mehr über die Wunder des Lebens.

Zu unserem Gemeindegebiet gehörten vier evangelische Kitas, die wir als Pastorenteam regelmäßig besuchten, und drei Predigtstätten, an denen abwechselnd Gottesdienste gefeiert wurden. Außerdem gab es einen Jugendclub, der, umgeben von vier Hochhäusern, den 4 P's, wichtige Stadtteilarbeit machte.

Auch waren da noch die Tafel, über die, koordiniert von unserem Diakon, jede Woche viele Tonnen Lebensmittel verteilt wurden, und ein Winternotprogramm, das über den Winter all denjenigen Menschen ein Dach über dem Kopf bot, denen die Welt übel mitgespielt hatte. Es war eine lebendige Gemeinde von über zehntausend Mitgliedern, und ehe ich mich versah, waren die ersten Jahre meiner Amtszeit vorbei.

Die Kirchengemeinde war ein wichtiger und gerngesehener Player im Stadtteil. Ich war froh, in einer so vitalen Gemeinde arbeiten zu können. Ich war herzlich und ohne Misstrauen aufgenommen worden.

Immer wieder höre ich das Vorurteil, alte Menschen hätten keine Lust, zu neuen Horizonten aufzubrechen oder Dinge

auszuprobieren. Ich machte die Erfahrung: Das Gegenteil ist der Fall.

Menschen, die gut gealtert sind, wissen darum, dass das Leben endlich ist.

Sie leben jeden Moment bewusst und freuen sich über einen Besuch oder ein gemeinsames Gespräch. Es ist ihnen egal, ob deine Schuhe Löcher haben, die Hose zerrissen ist oder du bis zur Halskrempe zutätowiert bist. Sie freuen sich, dass du gekommen bist, um mit ihnen ein wenig Zeit zu verbringen.

Menschen, die gut gealtert sind, erzählen Geschichten, die dir helfen können, das Leben zu verstehen.

Zum Beispiel, dass es auch hier in Deutschland noch gar nicht mal so lange her ist, dass viele Menschen selbst flüchten mussten. Ich erinnere mich da an ein Gespräch mit einer Frau, die mir erzählte, dass sie 1945 aus Pommern fliehen musste und in der Hafenstadt Gdynia, in der Danziger Bucht, verzweifelt versucht hatte, noch an Bord des Schiffes Wilhelm Gustloff zu gelangen.

Sie kam nicht mehr an Bord. Das Schiff war überfüllt. Blieb verzweifelt am Ufer zurück. Sah zu, wie das Schiff langsam am Horizont verschwand. *„Das ist das Ende"*, dachte sie damals. Das Gegenteil war der Fall. Während die Wilhelm Gustloff am Abend, getroffen von sowjetischen Torpedos, im -20 Grad kalten Wasser versank, schaffte sie später die Überfahrt. Sie überlebte, während Tausende starben. Ihr Blick auf das Leben war seitdem ein anderer.

Sie nutzte ihre Chance auf ihr zweites Leben. Kam arm nach Hamburg. Wurde weise und glücklich.

„Wir sind alle Menschen, die vor den verschiedensten Dingen auf der Flucht sind", sagte sie immer.

Im besten Fall hilft uns diese Erkenntnis, Toleranz gegenüber anderen zu entwickeln.

Mit jeder Taufe, jeder Beerdigung und jeder Hochzeit lerne ich mehr über dieses verrückte Leben, durch das wir tanzen, schlittern, stolpern, fallen, um ganz am Ende wieder aufgerichtet zu werden.

TRAUER, TOD UND TAUFE

Jede gut geplante und liebevoll durchgeführte Trauerfeier öffnet einen Raum, in dem Trauer in den Fluss kommen darf.

Dort ist Platz für Wut, Angst, Ärger, Liebe, Dankbarkeit und Respekt. Es besteht die Möglichkeit, alles, was noch offen ist, zu bedenken und sich so auch mit den Schatten zu beschäftigen. Die Atmosphäre ist manchmal so dicht und drückend, dass du einen sicheren Stand brauchst – und Durchlässigkeit, um die Wellen der Trauer, die über dich hereinbrechen, zu durchdringen.

Dir wird die Lebensgeschichte eines Menschen anvertraut, und manchmal gelingt es in der Predigt, die Person für einen Moment in den Herzen der Menschen wieder aufleben zu lassen.

Wenn ein Mensch in hohem Alter verstorben ist und auf ein erfülltes Leben zurückblicken kann, ist die Beerdigung ein natürlicher, letzter Schritt Richtung Ewigkeit.

Schlimmer ist es, wenn ein geliebter Mensch zu früh geht. Da gibt es selten wirklich guten Trost, nur ein gemeinsames Aushalten.

Nach den Trauerfeiern trinke ich ritualisiert Kaffee. Mein ganzer Körper fühlt sich erschöpft und müde an. Es sind dann der Duft frisch gemahlener Bohnen und der bittersüße Geschmack, die mir helfen, wieder im Leben anzukommen.

In den Stunden nach einer Trauerfeier gelingt es besser, auf die Dinge zu schauen, die im Leben wirklich wichtig sind …

Dass das letzte Hemd wirklich keine Taschen hat.

Und dass es andere Dinge gibt, die ein erfülltes Leben ausmachen.

Besitz, der über das hinausgeht, was man wirklich braucht, hat die Kraft, nachhaltig Beziehungen zwischen Menschen zu vergiften, die sich eigentlich mal gemocht haben.

Bei manchen Trauerfeiern schafft die Liebe es, diesen Teufelskreis zu durchbrechen.

Wenn sich Familien nach der Zeremonie noch zu einem Trauerkaffee treffen, herrscht dann sogar manchmal eine erleichterte, ausgelassene Stimmung.

Der schwere Gang ist für den Moment geschafft. Erinnerungen werden geteilt. Trost gespendet. Schnaps getrunken.

Manchmal findet Versöhnung statt.

„Das, was du damals zu mir gesagt hast, hat mich verletzt, deswegen habe ich den Kontakt abgebrochen."

„Das wollte ich nicht, ich bin damals immer so emotional hochgegangen, ich hatte keine Kontrolle über mein Leben."

Manchmal fließen dann auch Tränen der Freude und der Versöhnung.

Die Liebe verbindet Menschen wieder, und manchmal hilft der Schatten dieses dunklen Erlebnisses dabei, dass sie wieder wehen kann.

Es ist derselbe dunkle Schatten, der im Wasser der Taufe versinkt.

Ich habe Menschen in den Wellen der Ostsee getauft, die sich verzweifelt ins Wasser warfen. Die unter dem Jubel ihrer Freunde zurück an den Strand liefen. Lachend und weinend zugleich. Denn es ist aufwühlend, wenn aller Neid und jede Missgunst, die wir unterwegs im Leben anhäufen, im Grab des Wassers versinken und davongetragen werden.

Auf einmal ist dann wieder Raum für die Liebe.

Für die Menschen sind es Momente der Selbstversöhnung, die ihre Augen zum Strahlen bringen, immer dann, wenn sie ihre Schönheit erkennen.

Nichts lässt die Augen mehr funkeln als ein liebevolles Herz.

ROCKER VS. REICHTUM

W*ie lautet der Pin für das gottverdammte Handy?"*, gellte eine aufgebrachte Stimme durch den halligen Kirchraum, dann folgte das aufgeregte Klackern von hohen Absätzen auf Steinboden.

Stimmengewirr: *„Gib her!"*, *„Lass mich!"*, *„Ich weiß schon."*

Als ich mich umdrehte, sah ich, wie hinter dem Altar die zwei stark tätowierten Brautjungfern – wogende Hochsteckfrisuren, wallende Kleider und eine Puder- und Glitzerstaubwolke, die über den Köpfen der beiden schwebte – um ein Smartphone rangelten ... Dann endlich ertönte durch die mitgebrachte Bluetooth-Box das Lied, das sich das Brautpaar zum Auszug gewünscht hatte: *„Born to be wild"* von der Gruppe *Steppenwolf.* Die beiden Brautjungfern grinsten triumphierend, signalisierten mir mit einem gegenseitigen High five und beiden Daumen nach oben, dass doch alles gut gelaufen sei. Ich musste lachen, gab auch einen Daumen nach oben zurück und gemeinsam zogen wir mit dem Brautpaar durch den Gang Spalier stehender Rocker und Hooligans aus der Kirche aus. *„Lief doch perfekt"*, flüsterte mir die eine Brautjungfer zu und zog ihren Lippenstift nach.

„Richtig geil", fand auch das Brautpaar, das nun begleitet von dem tuckernden Sound großer Motorräder in die weiße Stretchlimousine einstieg und begleitet von einem großen Motorradkorso Richtung Reeperbahn aufbrach.

Es läuft immer perfekt, wenn genug Liebe im Raum ist.

Dann wird jede Panne zu etwas Schönem, das gemeinsam bewältigt wird und über das man noch Jahre später freudig lachend spricht. Wenn also mal ein Blumenkind auf der Schleppe der Braut ausrutscht und weint, nehmt es in den Arm, das gehört einfach dazu.

Hochzeiten, die unter großem Performancedruck geplant werden, sind meist teuer, aber selten wirklich schön. Um den heiligen Moment, der entstehen kann, wenn zwei Menschen sich gegenseitig wahrhaftig ihre Liebe schenken, wird dann eine Mauer aus Angst und Druck gebaut.

So kann die Liebe nicht schwingen. Sie bleibt eingesperrt – in einem goldenen, teuren Käfig –, und die Feier wird zu einer Roboterveranstaltung mit aufgesetztem Grinsen. Teuer heißt nicht immer gut. Zu oft musste ich das schon erleben.

Der gesamte Saal ist darauf bedacht, möglichst lässig zu tanzen und möglichst cool mit Zigarren und teuren Drinks vor den Hochzeitsfotografen zu posieren, wie in den Hollywoodfilmen, die sie als Vorlage für ihre Feier gesehen haben. Aber es ist nicht authentisch, sondern ein hölzernes Theaterstück mit hilflosen, über die Tanzfläche gebrüllten Dialogen:

„Richtig derbe Pardeyyyyy, Whoop, Whoooop."

„Jo, Diggi, jo, richtig derbe Pardeyyyy, mehr Schampuuuusssseyyyy."

Das Barpersonal bedient die Feiergesellschaft mit einer Mischung aus Fremdscham und Mitleid. Und irgendwann kippt alles.

Anstelle von Liebe spürt man Misstrauen, Unsicherheit, Neid.

Das Paar hatte sich wirklich viel Mühe gegeben, die Feier perfekt werden zu lassen, und dennoch oder genau deswegen wird es dann meist irgendwann schräg.

Ich kann nur jedem raten: Ladet zu eurer Hochzeit nur Menschen ein, die euch aus tiefem Herzen lieben. Verzichtet an dem Tag auf Menschen, bei denen ihr euch unsicher seid.

Lasst euch feiern und feiert die transformative, göttliche Kraft der Liebe, denn sie bringt alles zum Schwingen, egal in welchem Stall ihr feiert. Wenn ihr euch das bewusst macht, fällt die Mauer der Angst, und alles wird leicht.

Es ist euer heiliger Moment.

Vergesst das nicht!

„Der Pastor starrt den Tresen
an und trinkt, trinkt, trinkt.
Keiner mehr im Gottesdienst,
der singt, singt, singt.
Keiner, der dort betet,
keiner, der dort zuhört.
Wofür hat er, fragt er sich,
zehn Jahre lang studiert?

Suchend schweift sein Blick
zu der Frau hinter der Bar,
die schaut zurück und
kommt zu ihm
und schenkt
dem Pastor nach.
Der Pastor wird zum Trinker,
die Barfrau wird zum Pastor,
der Trinker fragt den Pastor:
‚Was hast du heute Nacht vor?'

Der Pastor sagt:
‚Heute nehm ich mir
nur noch Zeit für dich,
00:30 auf Pauli,
zwei Seelen finden sich.'
Halleluja, da ist diese Liebe
zwischen Kippen und Bierdunst
gestiegen,
und sie tanzen zum
Klingen von Schnapsglas und Wein.
Halleluja, so muss Liebe sein."

Song: 0:30

DIE BARTRAUUNG

Agavos, Getränk der Götter. Spiritueller Götterschluck. Viele mystische Geschichten ranken sich um die heilige Pflanze der Azteken. Eine davon erzählt von einem Kampf der Götter, einem Duell zwischen Gut und Böse. Einem Aufeinandertreffen von Licht und Schatten, das zur Entstehung des Tranks geführt haben soll.

Tzinzimitl, Göttin der Finsternis, Verschlingerin der Sonne, im Kampf gegen den Gott *Quetzalcóatl*, der sich in die Fruchtbarkeitsgöttin *Mayahuel*, Schutzpatronin der Betrunkenen, verliebt.

Die Göttin wird von *Tzinzimitls* Schergen in Stücke gehauen. *Quetzalcóatl* besiegt daraufhin *Tzinzimitl*, beerdigt *Mayahuel*.

Aus ihrem Grab wächst eine Agave, die ihm durch ihren süßen Saft Trost und Linderung spendet.

Die Liebe siegt.

In einer Nebenstraße der Reeperbahn, unweit des niemals schlafenden Hafens, befand sich ein kleiner, geheimnisvoller Tempel, der seit vielen Jahren dem tröstenden Agavensaft huldigte.

Eine Kultstätte für all diejenigen, die auf der Suche nach Rausch und Liebe und den besten Drinks der Stadt waren. Wie oft wurde ich am Tresen dieser Kultstätte aufgefangen und getröstet. Wie viele erfüllte Abende hatte ich dort verbracht. Hatte mein Herz den Wächtern des Tempels ausgeschüttet.

Dort im bunten Licht der von der Sonne durchschienenen Kathedralenfenster gaben sich zwei Hamburger Herzensmenschen das Ja-Wort.

Direkt vor der goldenen Agave gaben sich die beiden ihr Liebesversprechen.

In der darauffolgenden Segensfeier mixte ich den beiden einen Liebesdrink, den mir Bar-Ikone *Betty*, Chefin des Tempels, zuvor beigebracht hatte.

Zu jeder Komponente des Getränks hatte ich einen kleinen Vers geschrieben. Passend zu den verschiedenen kleinen Fläschchen und Komponenten, die Teil des Großen und Ganzen wurden.

Ein rotes Fläschchen. Ein weißes. Eis. Champagner und viel Liebe.

„Erdbeerrote Flüssigkeit, auf dass die Liebe immer reift und euch in jeder Lebenslage Früchte trägt.

Ein Fläschchen Klarheit für das Licht und eure ungetrübte Sicht auf das, was wirklich, wirklich wichtig ist im Leben.

Und etwas Weiß für eure Weisheit, um euch immer wieder zu vertrauen auf eurem Tanz durch die Jahrzehnte – bis ihr alt und schlau und grau seid.

Die Quader Eis für euch als Baustein gegen kalte Winternächte. Für einen Iglu, nur für euch. Und wenn ihr wollt, auch eure Gäste.

In euch seien Stärke und Musik, die, falls der Lebensrucksack drückt, immer wieder helfen, euch freizushaken. Straint den Ballast, der nichts bringt, von der Liebe, die ihr trinkt, durch das Barsieb des Vergebens und Verzeihens.

Für euch funkeln tausend Sterne, für euren Gaumen und die Herzen, dass die Freude in euch schäumt und niemals aufhört.

Und ich schweige nun, denn was jetzt folgt, ist der Moment, der für immer nur euch zwei'n gehört.“

Danach verewigte eine Tätowiererin den besonderen Moment, indem sich beide ein schwarzes Herz auf den Finger stechen ließen.

Die Tätowiermaschine summte ein euphorisches Halleluja und besiegelte mit schwarzer Tinte den göttlichen Moment der beiden.

ALLES DREHT SICH

„U*uund du kommsssdajesseinfach her und saagst einfach mal so Lieeeebbbbeee?*“ Ein paar Betrunkene hatten sich mir auf der Silbersacktwiete in der Nähe des Hans-Albers-Platzes in den Weg gestellt. Sie hatten Mühe, sich auf den Beinen zu halten, sodass sie allesamt hin und her schlingerten. Einer versuchte, sich lässig an einen Laternenpfahl zu lehnen, was ihm erst im vierten Anlauf gelang. Der andere versuchte, seinen Pullover so um die Hüften zu knoten, dass ein verräterisch nasser Fleck, der sich gerade im Schritt seiner weißen Jeans ausbreitete, verborgen wurde.

„Ja, ich bin unterwegs im Auftrag der Liebe. Willst du eine Rose geschenkt haben?“

„Waass einfachsoeine Roooose? Ohhneee Kohlä ssu woll'n?

„Ja genau, hier, für dich.“

Ich drückte dem verwirrt dreinblickenden Drunkster eine Plastikrose in die Hand. Woraufhin sich nach einem kurzen Moment der Verwirrung ein weites, seliges Grinsen auf seinem Gesicht breitmachte.

„Isssssssschhhhhhhhh LIiiiiiiiiiiiiebe diiiiiiiiischhhhhhhhh duuu Eeengeeel“, rief der Drunkster und warf ungelenk seine Arme um meinen Hals.

Es war die Zeit kurz nach den schweren Einschränkungen der Coronapandemie und ganz Hamburg war unter Spannung.

Auch ich merkte, wie ich in der Zeit sozial gelitten hatte und im Alltag meine Zündschnur viel kürzer als früher war. Jedes Mal, wenn ich mit dem Fahrrad durch die Straßen der Stadt rollte, fluchte ich bei jeder Kleinigkeit. Ich beschimpfte im Vorbeifahren jeden, der es wagte, meinen Weg zu kreuzen, und beobachtete, dass es anderen genauso ging. Wir hatten verlernt, miteinander zu schwingen, alles fühlte sich steif an, kein Flow war mehr möglich.

Eines Tages war ich kurz davor, einen Autofahrer, der mir die Vorfahrt genommen hatte, aus seinem Auto zu ziehen. Wütend lief ich um das Auto und klopfte gegen die Scheibe: *„Mach sofort die scheiß Tür auf.“* Ich sehe noch genau den erschrockenen Blick des Fahrers vor mir. Ich ließ die Tür los, ging auf den Gehweg und brüllte einmal laut und anhaltend in den Abendhimmel St. Paulis:

„Schhhhhhhhhheeeeeeeeeeeeiiiiiiiiiiiiiiiiissss-sssssssssssssssssssssseeeeeeeeeeeeeeeeeeee.“

Das Auto fuhr weiter. Ich blieb zurück. Erschrocken über mich selbst.

Auf dem Rückweg nach Hause sah ich in die verkniffenen Gesichter der Passanten. Es war, als würde eine riesige Wolke unterdrückter Wut über den Köpfen der Menschen schweben.

Post-Corona-Aggressionsvibes überall. Auch über meinem Kopf. Was gab es dem entgegenzusetzen?

Das Einzige, was mir einfiel, waren Lachen und Liebe und der Wunsch, beides wieder deutlich zu spüren.

Ich schrieb ein Lied. Überredete Freunde dazu, ein Musikvideo für mich zu drehen, in dem ich als durchgefeierter Engel mit Vokuhila-Perücke Rosen und Liebe an die Menschen meiner Stadt verteilte.

Ich wollte sehen, ob es möglich war, Menschen auf diese Weise in Schwingung zu versetzen. Es war möglich. Leider in beide Richtungen.

„Verpiss dich hier mit den Rosen ... Wieder so ein scheiß Junggesellenabschied."

Bei den meisten aber löste meine Erscheinung Freude aus.

Bei meinem Zug durch die Gemeinde St. Paulis wurden mir Getränke spendiert, Umarmungen zuteil, Küsse zugeworfen, sodass ich am Ende des Tages mit vollem Herzen und ohne Hass einschlief.

Mein Glaube an die Menschheit und mich selbst war restauriert. Es fühlte sich so ungleich schöner an, wieder auf positive Art mit den Menschen zu schwingen.

Wir hatten es noch nicht verlernt.

KONTEMPLATION IM STUDIO

„Fahr mit mir über den Ozean der Zeit.
Ob wir bereit sind, fragst du mich?
Ich weiß es nicht.
Es macht auch keinen Unterschied, ob unser Boot dabei untergeht,
das weiß der Wind des Schicksals nur
und der schweigt heut Nacht.

Also, komm,
komm fahr mit mir.

Goldne Zeiten, goldne Worte,
goldener Mond am Firmament.
Deine Küsse, deine Taten,
deine Liebe ist das Einzige, was für mich zählt.

Was willst du unsern Kids
dann irgendwann erzählen?
In allem dürfen wir versagen,
also lass uns alles wagen.
Dann sind wir ehrlich,
sind wahrhaftig.
Alle Sterne leuchten.
Keiner sagt, das klappt nicht,
also komm.
Komm fahr mit mir.“

Song: Ozeanische Liebe

„Weißt du, was wir machen? Wir stampfen alles ein, was wir zur Coronazeit geschrieben haben, das ist nur depressiver Scheiß. Lass uns 'ne Platte machen, die Menschen wieder aus ihren dunklen Löchern holt.“

Gesagt, getan. Wir schrieben neue Lieder, schüttelten die dunkle Zeit der Konzertverbote langsam ab. Johnny Mocanelli zog ein paar Strippen, einige Zeit später trafen wir uns in einem der schönsten Tonstudios Hamburgs. Das alte Backsteingebäude mit diesem wunderschönen Blick auf die Norderelbe, 600 qm mit hohen Decken, die besten Bändchenmikrofone, Vintage-Sound, Vintage-Möbel und ein Mischpult, an dem bereits John Lennon geschraubt hatte. Es war mehr als ein Tonstudio. Ein spiritueller Ort der inneren Einkehr.

Johann Scheerer, der Studiobesitzer, ermöglichte uns vieles, sodass wir an diesem magischen Ort das aufnehmen konnten, was uns auf der Seele brannte. Selbst Pete Doherty hatte England und seine bewegte Vergangenheit für einige Zeit verlassen, um genau hier zu leben und aufnehmen zu können.

In einem Tonstudio aufzunehmen, ist wie immer und immer wieder ein Mantra zu beten. Du spielst so lange die Parts ein, bis du und der Produzent es fühlt. Spielst du mit mehreren gemeinsam ein, ist die Sache noch heikler. Dann geht es darum, gemeinsam den besten Take zu jagen. Das geht dann manchmal so lange, bis die Lippen bluten oder du über dem Mischpult zusammenbrichst. Du kommst an Punkte, wo du alles für Schrott hältst. Und es gibt Momente, in denen du nach den Sternen greifst.

Momente, da erwischt dich eine Zeile, die du geschrieben hast, mit voller Härte, und dir kommen die Tränen. Momente der Begeisterung, wenn ein Gitarrensolo sein elektrisches Hosianna in den Himmel brüllt und alle in Ekstase versetzt, die hinter dem großen Aufnahmefenster, das Regie und Aufnahmeraum trennt, auf die Füße gesprungen sind.

Du musst Geduld mitbringen. Zwischen den Takes auf deinen Einsatz warten.

Du musst still sein können und dich dann wieder in die Emotion fallen lassen, wenn dein Einsatz gekommen ist.

Demut ist eine Tugend, wenn der Produzent sich gegen etwas entscheidet, was du selbst aber ganz toll findest – nimm es an und ganz am Ende kommt das Wichtigste:

Du musst loslassen können.

Denn es bist nicht du, der entscheidet, ob deine Musik chartet oder nicht. Es sind die Menschen, die die Musik hören und manchmal auch kaufen.

Und es ist der Produzent, der sagt, zurück ans Mikro oder aufhören.

Loslassen. Annehmen. Weitermachen.

„Die mechanische Uhr eine Falle und Käfig,
auf Ketten zur Früh- und auf Knien zur Spätschicht.
Hinter verschlossenen Türen sitzt der Mann ohne Gesicht,
T-t-t-tokyo hat er verschluckt und jetzt, jetzt will er dich.
Ich spüre das Knacken tektonischer Platten,
die Schollen verschieben sich unter mir.
Ein Spalt teilt die Erde und zieht mich nach unten
durch ein Lawinenfeld auf Skiern.

Mammon.
Ein ganzes Land geschluckt,
ein ganzes Land verrutscht.
Mammon.

Zieht Koks und marschiert an die Börse, ihr Sklaven,
und füttert das Monster, das euch beherrscht.
Schaufelt die Kohlen in das Feuer des Ofens.
Der Druck von Millionen schiebt euch hinterher.
Wenn ihr schwach werdet,
weil ihr nicht mehr könnt,
ertönt aus der Ferne ein Lachen.
Es geht ihm gut, wenn Menschen fallen,
ernährt sich von den Schwachen."

Song: Mammon

BRÜDER IM GEIST

Als junger Erwachsener war Johnny Mocanelli zur Arbeit gegangen. Jeden Tag. Zuverlässig und zielstrebig. Und doch war da etwas tief in ihm, das sich immer wieder meldete, das ihm auf sämtlichen möglichen Wegen Zeichen sendete. Etwas, das ihm zurief:

„Dieser Weg ist nicht der deine!“

Auch Johnnys Körper reagierte. Starke Asthmaanfälle plagten ihn. Es war, als würden der Job und das dahinterstehende konforme Leben sich wie eine unsichtbare Schlinge um Johnnys Hals legen.

Enger und enger. So mancher Tag endete mit Blaulicht in der Notaufnahme.

Irgendwann traf Johnny für sich die Entscheidung, der *Wilden Sehnsucht* seines Herzens zu folgen.

Lieber arm als im Käfig. Alles für die Kunst. Mit allen Konsequenzen.

Von da an ging Johnny nicht mehr an den Ort, der ihn krank machte.

Er blieb zu Hause.

Eine Woche versuchten die Arbeitskollegen ihn noch zur Rückkehr zu bewegen. Danach gaben sie auf.

Johnny kehrte nie wieder zurück.

Gesegnet der Mensch, der findet, was er wirklich will im Leben.

Gesegnet sein Wille, sich an seinem Traum festzuhalten und nicht loszulassen.

Gesegnet sein brennendes Herz, die bedingungslose Hingabe, die nachts geweinten Tränen.

Ich kenne wenige Menschen, die sich ganz sicher sind, bei dem, was sie tun. Johnny war einer von ihnen.

In manchen Streitsituationen wurde mir bewusst, wie sicher er sich zumindest bei der Sache mit der Musik war.

„Johnny, kannst du nicht diplomatischer sein???“, brüllte ich Johnny einmal im Tourbus an.

„Dann wäre ich Diplomat geworden!“, brüllte Johnny zurück.

Dagegen konnte ich natürlich nichts sagen.

Es war nicht nur die helle Sonne, sondern auch die Dunkelheit, aus der Johnny seine Kraft schöpfte.

Ich kenne niemanden, der sein Leben kompromissloser führte als Johnny.

Woran dein Herz hängt, da ist Gott, heißt es bei Luther.

Je mehr Orte ich als Musiker bereisen konnte, desto klarer wurde mir, dass ich auch vermutlich nie aufhören könnte, Musik zu machen.

Ich war dankbar, dass sich meine und Johnnys Schicksalsfäden überkreuzt hatten.

Wir wurden zu spirituellen Brüdern.

Jeder Kilometer, den wir als Gemeinschaft in unserem Tourbus verbrachten, verdeutlichte das.

In diesen Momenten wurde mir klar, dass wir auf einer heiligen Expedition Richtung Ewigkeit waren.

Jedes Auf-Tour-Gehen war eine spirituelle Übung.

Stundenlanges Sitzen im engen, früher noch verqualmten Tourbus.

Ausladen. Körperliche Übung.

Warten auf den Auftritt. Übung in Geduld.

Nicht einschlafen bei späten Shows. Durchhalten.

Die Seelenfenster bei einem Auftritt öffnen, dass der Geist in uns wehen konnte.

Der Umgang mit Enttäuschung bei schlecht besuchten Shows. Oder wenn der Veranstalter mit der Kasse durchbrannte.

Die Übung, die jeder guten Show vorausgeht.

Die Verbindung der Band untereinander.

Der Umgang mit Trauer, wenn der göttliche Rausch Tropfen für Tropfen unseren Körper verließ.

Johnny war in meinen Augen ein moderner Punkrockmönch. Für mich waren wir Brüder im Geist und arbeiteten für eine Sache, die größer war als wir selbst.

Mit jeder Show, in der wir es schafften, gemeinsam mit Menschen in die Ewigkeit abzuheben und die universale, kosmische Liebe zu spüren, erfüllten wir einen Auftrag, der tief in unsere Herzen geschrieben war.

Menschen mit dieser göttlichen Musik in Schwingung zu versetzen.

Irgendwann verstand ich bei allem, was ich gesucht hatte – allen Jobs, in denen ich gearbeitet hatte, allen Schriften, die ich studiert hatte, allen Büchern, die ich gelesen hatte, auf der Suche nach Gott …

Dass er sich mir genau hier zeigte … in den kleinen und großen Clubs der Republik, in den Shows, an der Raststelle, im Marihuana-Rauch, in den Bierpfützen, dem Streit, der Versöhnung.

Es gibt einen goldenen Satz, den ich irgendwo neben den Straßen Hamburgs, auf einer Fahrt im Tourbus gelesen habe. Der Satz wird dem alten Mystiker Meister Eckart zugeschrieben und lautet:

„Der wahrhaft Liebende liebt Gott in allem und findet Gott in allem."

Vielleicht ist es ja wirklich so, dass man Gott in allen Dingen spüren kann, wenn man einfach liebt, was man tut. Ich weiß nicht, ob ich mich jemals so richtig dafür bedankt habe, über die aufgerissene Schiebetür des Tourbusses und die Chance, einsteigen zu können.

Danke, Bruder Johnny. Das vergesse ich dir nicht.

ROCKPALAST

Wir spielten zusammen mit der Band *Dritte Wahl* in der *Live Music Hall* in Köln. Der WDR war vor Ort, um die Bands für die TV-Kultsendung „Rockpalast“ aufzuzeichnen.

Unser Management hatte uns abgeraten, der Aufzeichnung zuzustimmen. Als wir dann vor Ort aber auf ein unglaublich nettes Produktionsteam stießen, hörten wir einfach auf unsere Herzen und sagten voller Freude zu.

Der Auftritt wurde mitgefilmt und währenddessen geschnitten und gemischt. Als wir von der Bühne kamen, wurde uns der Mitschnitt bereits komplett fertig bearbeitet in die Hand gedrückt.

„Hat sich doch gelohnt, Leute“, es war beeindruckend.

Ich hatte es mir zur Gewohnheit gemacht, wenn mich der Geist der Musik erfüllte, in die pogende Menge zu springen und mich dann auf dem Rücken einmal durch den Saal oder zumindest zum Tresen tragen zu lassen.

Auch dieses Mal erfüllte mich etwas, und ich sprang beseelt in die Menge. Dieses Mal bildete sich allerdings an der Stelle, an der ich vorgesehen hatte, sanft zu landen, ein Kreis, und ich küsste liebevoll den Asphaltboden. Viele sprangen erschrocken zur Seite, hatten nicht damit gerechnet, dass es hier einen spontanen Stagedive geben sollte.

Im Nachhinein betrachtet war es eher der Performancedruck als der Geist Gottes, der in mir geweht hatte.

Es ist vorprogrammiert, dass solche Aktionen schiefgehen müssen.

Gott sei Dank war das Publikum zauberhaft, kratzte mich vom Boden und stellte mich wieder auf die Füße. Jemand umarmte mich, drückte mir meine Trompete wieder in die Hand, dann starteten wir eine Polonaise durch den Konzertsaal. Alles war in Ordnung. Jenseits der Scham und der Angst öffnete sich ein Ort der Liebe, dort trafen wir uns alle.

Deswegen liebe ich es, genau diese Musik zu spielen. Da kommt ein Rudel zusammen, das nach einander schaut. Und in der Regel sind immer Menschen in der Nähe, die dir wieder auf die Füße helfen.

Musik lebt von Gemeinschaft, es ist nie nur die Band, die den Abend besonders werden lässt. Es sind immer die Menschen und das Zusammenspiel miteinander.

Das wird mir auch jedes Mal bewusst, wenn ich Lieder für meditative Gruppengesänge schreibe.

Im gemeinsamen Singen liegt transformative Kraft.

Es muss kein glorreicher Text sein, sondern ein ehrlicher.

Wenn er viele in Schwingung bringt, wird das Herz automatisch wieder weicher, und irgendwann, wenn man es am wenigsten erwartet, kommt der eigene Glaube vielleicht sogar zurück. Der Glaube, den man vielleicht beim Pinkeln an einer Raststätte oder in den Tränen der Trauer verloren hatte.

Vielleicht war er auch nie weg, sondern nur verborgen. Vielleicht hinter einem Stein, der auf der eigenen Seele lag.

MEMENTO FUCKING MORI

Herr Werner, Sie haben hier so einen schwarzen Punkt. Sehen Sie das? Das ist ein Hodentumor. Der muss raus. Erst wenn er raus ist und wir ihn untersucht haben, wissen wir, ob gutartig oder bösartig. Kann gut sein, dass der Hoden entnommen werden muss.“

Für einen Moment zog sich alles in mir zusammen.

Ich dachte an meine Kinder und Doro.

Muss ich jetzt sterben?

Das geht nicht. Das geht nicht. Das geht nicht.

Der Arzt nahm sich Zeit. Erklärte mir allerhand. Sie würden versuchen, organerhaltend zu operieren. Der Tumor würde herausgeschnitten und untersucht. Wenn er gutartig wäre, könnte ich beide Hoden behalten. Wenn nicht, gäbe es weitere Schritte.

Vor mir auf den Tisch wurde ein Silikonhoden gelegt.

Er fühlte sich alles andere als natürlich an in meiner Hand. Ich legte ihn zurück auf den Tisch.

„Wenn der Hoden raus muss, möchte ich kein Implantat.“

„Alles klar, Herr Werner, dann notieren wir das, kommen Sie dann in drei Wochen bitte wieder zur Operation."

Die anschließenden drei Wochen erlebte ich so intensiv wie nie.

Wir fuhren als Familie mit dem Nachtzug nach Wien, um meinen Bruder zu besuchen. Es wurde einer der schönsten Urlaube, den ich mit meiner Familie bisher erleben durfte.

Wir lagen stundenlang gemeinsam auf den Liegekissen der öffentlichen Bibliothek. Jedes Eis schmeckte besonders, jede Umarmung so wertvoll wie ein Sack Gold. Selbst die Sonnenstrahlen über dem Schönbrunner Schloss und das quietschende Lachen unserer Kinder, die so lange auf den öffentlichen Spielplätzen spielen konnten, wie sie wollten – alles war intensiver durch die bevorstehende Operation.

Doch mit ihrem Näherrücken kroch wieder die alte Angst zurück in mein Herz.

Dann war der Tag gekommen.

Ich erinnere mich noch an die Fahrt ins Krankenhaus, durch die dunkle, im Halbschlaf liegende Stadt. Der Regen, der an die S-Bahn-Fenster trommelte.

Ich hatte die Sporttasche mit der Wechselwäsche geschultert, inklusive des Gefühls im Gepäck, sehr allein zu sein.

Kurz bevor die Maske mit dem Betäubungsgas auf Nase und Mund gesetzt wurde, wurde ich ruhiger.

Es wurde dunkel. Es wurde Nacht.

Es wurde hell. Es wurde Tag.

Ich erwachte aus der Narkose. Fühlte beide Hoden.

Eine Welle tiefster Dankbarkeit brandete durch meinen Körper.

Ich erinnere mich noch genau an die erste Erektion nach der Operation.

Ein erhabener, ein göttlicher Moment.

Halleluja.

Es sind genau diese Situationen, die uns lehren, dass nichts selbstverständlich ist.

Alles ist besonders. Alles ist vergänglich. Wir sind sterbliche Wesen auf einem wunderschönen Planeten.

Wir selbst sind ein verschwindend geringer Teil des Großen und Ganzen.

Immerhin, ein schwindend geringer Teil.

Also bedenke, dass du sterblich bist und lebe.

memento fucking mori

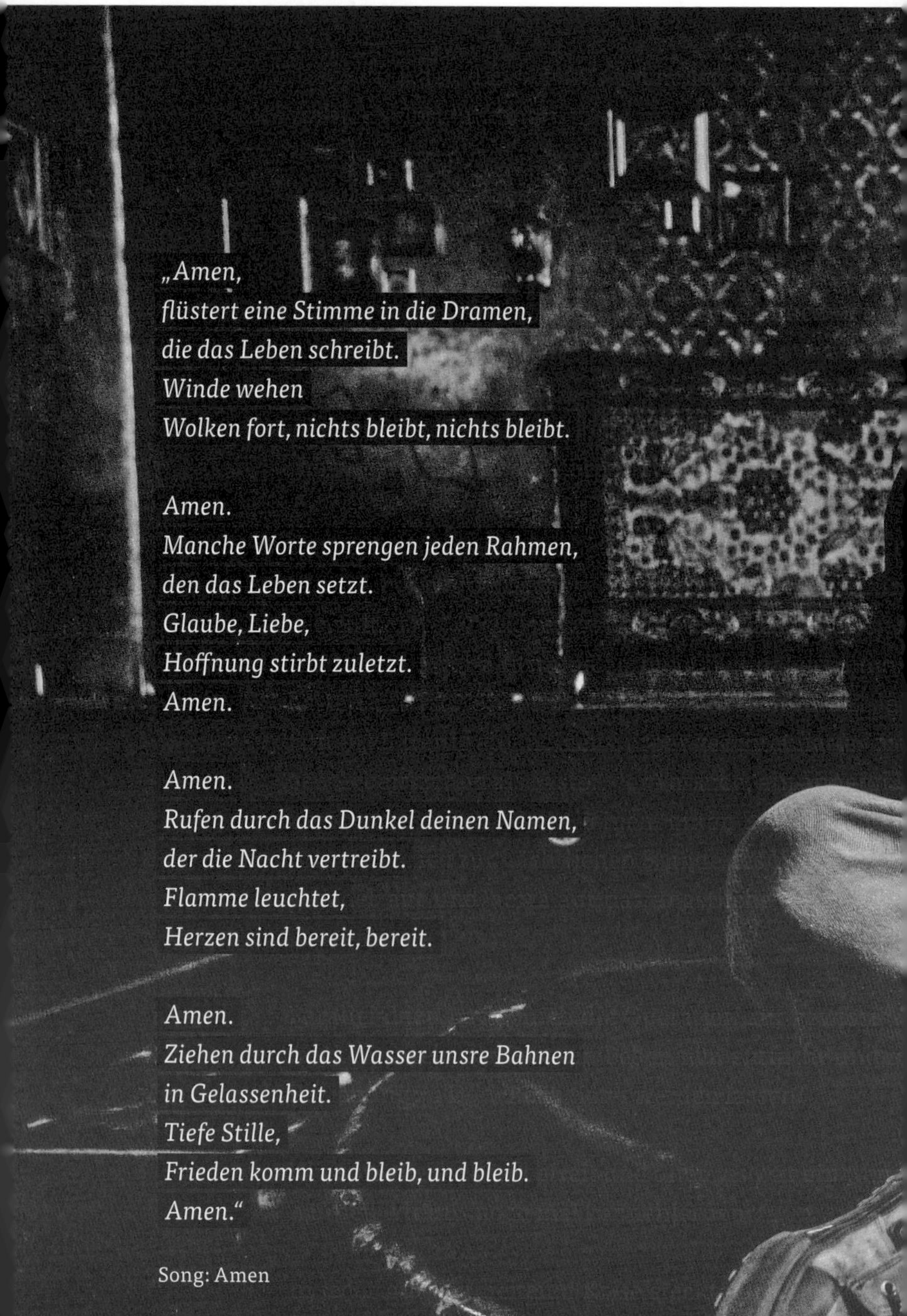

„Amen,
flüstert eine Stimme in die Dramen,
die das Leben schreibt.
Winde wehen
Wolken fort, nichts bleibt, nichts bleibt.

Amen.
Manche Worte sprengen jeden Rahmen,
den das Leben setzt.
Glaube, Liebe,
Hoffnung stirbt zuletzt.
Amen.

Amen.
Rufen durch das Dunkel deinen Namen,
der die Nacht vertreibt.
Flamme leuchtet,
Herzen sind bereit, bereit.

Amen.
Ziehen durch das Wasser unsre Bahnen
in Gelassenheit.
Tiefe Stille,
Frieden komm und bleib, und bleib.
Amen.“

Song: Amen

LICHT UND SCHATTEN

„Fallen lassen oder weitermachen,
er hört den Teufel lachen,
oder sind das die Möwen?
Fallen lassen oder weitermachen,
und die Sonne geht auf
über Gut und Böse."

Song: Der Boxer

Je mehr Verantwortung in das Leben eines Menschen tritt, desto größer wird unter Umständen die Angst, an irgendeiner Stelle zu verkacken, jemanden im Stich zu lassen, die Kontrolle zu verlieren oder durch falsche Entscheidungen bei anderen Menschen Leid zu verursachen.

Es ist nicht einfach, damit umzugehen. Auch da gibt es Menschen, die sich besser auskennen oder besser helfen können.

Ich habe schon immer die Menschen bewundert, die so geschickt mit der Angst tanzen, dass sie nicht einfrieren oder starr werden.

Leider war ich keiner von ihnen.

Klar ist es wichtig, jeden Tag zu genießen und im Moment zu leben. Aber wenn du irgendwann in deinem Leben die Entscheidung getroffen hast, nicht nur für dich, sondern auch für andere Verantwortung zu übernehmen, ist das mit dem Genießen nicht immer dran.

blipmotif
WIR HASSEN ALLE NAZIS
WASTED
OWEN
GERALD GH
SCHIEBT ANDERS
blipmotif

Das weiß jeder, der sich in seinem Leben um mehr als nur um sich selbst kümmern muss.

Andererseits heißt es ja auch „Carpe diem“, also „nutze den Tag“ und nicht „genieße den Tag“.

Nach der Tumor-OP trat zunächst eine für mich neue Form der Angst in mein Leben.

Ich hatte das Gefühl, je älter wir werden, desto zerbrechlicher wird nicht nur der Körper, sondern auch der Geist.

Dieses unbändige Gefühl, unsterblich zu sein, das ich mit 23 Jahren von den Dächern der Stadt in den Nachthimmel gebrüllt hatte, wich der Erkenntnis, dass das Leben an manchen Stellen ganz zart und zerbrechlich daherkommt. Ich hatte Schlafstörungen und spürte, dass ich in den letzten Jahren zu wenig auf meinen Körper geachtet hatte. Die langen Arbeitszeiten als Pastor, der Versuch, ein annehmbarer Vater zu sein. Ich war in keinem guten Zustand. Regelmäßig wachte ich zur nächtlichen Stunde des Wolfes schweißgebadet auf und hörte auf das ängstliche Pochen meines Herzens.

Parallel dazu hatte mich die Operation auf gewisse Weise wachgerüttelt, die Lust am Leben neu entfacht und meine Beziehung zu Doro noch tiefer werden lassen.

Wir sprachen schambefreit und offen, es war ein wenig, als würden wir uns noch mal kennenlernen.

In jeder gut bearbeiteten Krise steckt auch immer Wachstumspotenzial.

Dabei findet alles im Leben irgendwie gleichzeitig statt. Es ist nicht alles nur gut oder schlecht. Schwarz oder weiß. Krise oder Ekstase.

Es ist nicht nur Licht oder nur Schatten. Es ist immer beides. Genau dort ist Gott zu finden.

Im Licht UND Schatten.

Beides steht immer in Dialog miteinander.

Was das bedeutet, hatte ich begonnen zu begreifen, als die Kinder damals in mein Leben traten.

Alles wurde intensiver. Ich hatte oft Angst, aber spürte immer auch Stärke und Liebe in mir.

„Das schafft nur die Liebe zu den Kindern“, sagte Johnny einmal zu mir, als wir in unserem Tourbus über die Kasseler Berge Richtung Süden rauschten.

„Ohne meine Kids wäre ich vermutlich nicht mehr hier. Da wäre ich schon längst gegen den nächsten Autobahnpfeiler gerast.“

Ich hatte für mich einige Dinge verstanden, aber mein Körper war noch nicht hinterhergekommen.

„Du musst versuchen, wieder ein bisschen Leichtigkeit in deinen Körper und in dein Leben zu bringen“, riet mir Doro eines Nachts, als ich mich wieder im Bett wälzte auf der Suche nach Schlaf.

Ich spürte, dass sie recht hatte. Ich musste die Angst vor dem zerbrechlichen Leben loslassen und wieder Vertrauen in meinen Körper aufbauen.

Die letzten Jahre hatte ich vor allem mit dem Kopf, Stift und Papier gearbeitet. Der Körper war zu kurz gekommen. Das wollte ich wieder ändern.

Ich erinnerte mich an die Momente auf der Bühne, in denen ich dieses Gefühl der göttlichen Verschmelzung hatte. In diesen Momenten spürte ich meinen Körper und meinen Geist als Einheit. Ich dachte an die Berührung des Shaolin-Mönchs, an die Momente des gemeinsamen Singens in den Gottesdiensten oder Gebet und Meditation. Selbst im Schatten, in der tiefen Trauer am Grab geliebter Menschen, in der tiefen Angst um das Leben meiner Kinder oder in den Momenten vor und nach der eigenen Operation.

Meine Gottesmomente waren immer ganzheitliche Erfahrungen gewesen. Körper und Geist. Ich hatte das Gefühl, dass ich mehr auf die Suche gehen musste, was meinen Körper betraf.

Ich begann nach Weiterbildungen zu suchen, die mir auf diesem Weg helfen könnten, und stolperte irgendwann unvermittelt über das Institut für Beziehungsdynamik, Körper- und Sexualtherapie in Berlin.

Mich überzeugte die Annahme, dass sich erschütternde Erlebnisse, die uns auf unserem Weg durch das Leben widerfahren, in unserem Körper verankern – uns an manchen Stellen den Atem nehmen oder starr werden lassen. Der Versuch über körperpsychotherapeutische Übungen wieder aus der Starrheit in die Schwingungsfähgikeit zu kommen, hatte bei mir damals schon über das neuronale Zittern, Erfolge gebracht. Ich wollte mehr über meinen Körper erfahren. Erkunden wie er mit meinem Geist zusammenhing. Ich wollte mehr über die Dynamiken von Sexualität und Liebe erfahren.

Ich bewarb mich für einen Ausbildungsplatz.

Einige Monate später begann das erste Seminarwochenende.

Was ich dort erlebte, sollte meinen Horizont nachhaltig erweitern.

ENDSTATION SEHNSUCHT

„Am Ende steht immer die Liebe,
sie löst alles auf, was bedrückt.
Am Ende steht immer die Liebe,
sie bringt dich zum Anfang zurück."

Song: Am Ende – Liebe

Am Institut für Beziehungsdynamik kam eine neue Gruppe Suchender zusammen. Ein bunter Blumenstrauß an Menschen. Auch hier brachte jeder seine Geschichte mit – seine Erfahrungen, sein Licht und seinen Schatten.

Verschiedenste Arbeitsfelder trafen aufeinander: Tantra-Massage, Traumatherapie, Yoga, Tanz, Psychologie und Soziale Arbeit. Einen Pastor hatten sie noch nie als Teilnehmer gehabt. Dennoch wurde ich liebevoll aufgenommen und fühlte mich sofort wohl.

Wir saßen auf Yogamatten in dem loftartigen Seminarraum, während ein warmer, vom Tempelhofer Feld wehender Wind durch die luftigen, weißen Vorhänge wehte, die sich manchmal bei stärkeren Windstößen wie ein Schleier über die Gesichter der kleinen Gemeinschaft legte. Es war, als würde er geheimnisvolle, biblische Worte direkt in meine Ohren flüstern.

„Jetzt sehen wir nur ein undeutliches Bild wie in einem trüben Spiegel. Einmal aber werden wir Gott von Angesicht zu Angesicht sehen. Jetzt erkenne ich nur Bruchstücke, doch einmal werde ich alles klar erkennen, so deutlich wie Gott mich jetzt schon kennt."[4]

Wir begannen unsere Ausbildung, stellten uns unseren Ängsten, unserer Scham, unserem Neid, der Eifersucht, dem Licht und dem Schatten.

Ich erfuhr mehr über mich, über die Gesellschaft, über die Rolle von alter Kirche und Staat, über fragwürdige Vorstellungen von Sünde und Moral und ihren Einfluss auf die Entwicklung von gesunden Menschen. Über die brutale Ächtung und Bestrafung von Homosexualität. Immer wieder aber auch über Menschen, die aufstanden und hinterfragten, Dinge neu dachten, ihr Leben in den Ring warfen für eine bessere Welt, für die transformative Kraft der Liebe.

Ich wurde erschüttert und wieder aufgebaut.

Psychisch und körperlich.

Was für eine Gnade, frei leben zu können!

4 Nach 1. Korinther 13,12

Ich wollte alles tun für diese Freiheit.

Auch für die innere Freiheit.

Ich lernte neue Techniken kennen, die mir helfen sollten, aus der Starrheit zu kommen.

Ich wollte meinen alten Schutzpanzer lockern. An manchen Tagen riss mich sein Gewicht nach unten, bis an den Grund des weiten Lebensflusses.

Besonders die körpertherapeutischen Übungen halfen.

Auch wenn ich mich zunächst überwinden musste, sie durchzuführen.

Loszulassen, schreiend durch den Raum zu tanzen oder laut atmend meinen Beckenboden zu bewegen – vieles war Neuland für mich. Ich hatte bisher offensichtlich viel zu wenig auf meinen Körper gehört.

Nach den langen Seminartagen geschah es oft, dass ich nachts aufwachte. Alte Gefühle brandeten dann wie Wellen durch meinen Körper, wurden hochgespült bis zu den Tränenkanälen. Ich weinte oder lachte, war aufgekratzt, tanzte mit anderen Herzensmenschen zu den elektronischen Klängen queerer Kinky Partys der Stadt oder brach an manchen Abenden die absolute Stille suchend erschöpft auf der aufblasbaren Luftmatratze auf dem Küchenfußboden zusammen.

Gleichzeitig bemerkte ich, wie sich Dinge miteinander verbanden. Dinge, die ich Jahre zuvor erlebt hatte. Die innere

Arbeit mit dem I-Ging und dem Daoismus, mein Studium der Theologie, die Jahre unterwegs auf den Bühnen der Republik, die Soziale Arbeit, die vielen verschiedenen anderen Jobs, Not, Liebe, Sehnsucht, Verzweiflung und Schmerz. Alles hatte seinen Platz und seinen Sinn.

Sollte das Studium doch seinen Sinn gehabt haben?

Waren die Drachen notwendig gewesen?

Fast fühlte es sich so an, als hätte jede meiner Krisen ihren Sinn gehabt.

Als wären sie der Lehrmeister gewesen, den ich gesucht hatte.

Der evangelische Theologe Søren Kierkegaard hatte verdammt recht mit seiner Beobachtung, dass wir die meisten Dinge erst im Rückblick oder Jahre später verstehen und einordnen können. Genauso wie Martin Luther, der die Menschen dazu ermutigt hatte, mutig Fehler zu machen – diesen Mut, gegen die Angst zu setzen und weiter der Straße des Lebens zu folgen, ohne genau zu wissen, was am Ende kommt.

Diesen Mut wünsche ich uns allen. Denn es besteht die berechtigte Hoffnung, dass am Ende alles gut wird.

Ich hoffe, wir sehen uns irgendwo im Auf und Ab dieses verrückten Lebens.

Vielleicht schenken wir uns ein Lächeln oder einen Gruß.

Geisterfahrer grüßt Geisterfahrer auf seiner Autobahnfahrt Richtung Ewigkeit.

„PRACTICE YOU SAD FUCKS"

(Tony Sly R.I.P.)

„Wir atmen ein,
wir atmen aus.
Der Atem kommt,
der Atem geht.
Was jetzt passiert,
das darf geschehen.
Ein ruhiges Herz
im Sturm besteht."

Song: Herzensruhe

Wer glaubt, dass man als Punkmusiker ohne Training auskommt, irrt sich. Es geht immer um Kontemplation und spirituelle Übung.

Es ist wichtig, unter schwierigen Bedingungen still werden zu können. Lange Strecken im Tourbus zu sitzen und als Band miteinander in Verbindung zu bleiben.

Es ist wichtig, das eigene Instrument zu üben, deine Songs zu spielen, bis sie in dein Körpergedächtnis übergehen.

Wenn dann der Punkt gekommen ist, dass du bei einem Auftritt so sicher in den Stücken bist, dass du anfängst, über den Abwasch nachzudenken oder deine unbezahlten Rechnungen, musst du wieder an den Punkt kommen, an dem du spielst, aber in Verbindung mit dir, deiner Band und dem Göttlichen bist.

Im besten Fall erreichst du so einen Zustand der Wachheit und der Herzensruhe.

In diesem Zustand kann nichts mehr passieren. Selbst wenn der Strom ausfällt und du in einem dunklen Saal stehst, wird dir dann etwas einfallen. Der Drummer wird einen einfachen Rhythmus ansetzen. Die Bläser eine Melodie spielen, das Publikum wird anfangen, rhythmisch zu klatschen.

Du beginnst, über die gegenseitige Verbindung gemeinsam etwas zu kreieren.

Das muss nicht perfekt sein. Es muss nur echt sein. Publikum und Band verschmelzen. Subjekt und Objekt sind nicht mehr. Es ist alles ein gemeinsames Schwingen in der Melodie des Moments.

Alle Angst verschwindet aus deinem Körper, da ist nur noch Platz für Liebe.

Für mich als eher ängstlicher Mensch sind diese Momente heilsam.

Der ganze Performancedruck eines Systems, das darauf ausgelegt ist, dass immer nur die Besten, Schnellsten und Schönsten Applaus bekommen, zerbricht.

Stattdessen bleibt für einen Moment die Erkenntnis, dass es eine Kraft gibt, die einem die Augen für das wirklich Wichtige öffnet.

„Vollkommene Liebe treibt die Furcht aus", heißt es im ersten Johannesbrief.[5] Also tanz einfach genau so, wie du es möchtest, wie du es fühlst. Es gibt kein Richtig oder Falsch.

Ich habe einmal eine Band erlebt, die im Backstageraum ihren Auftritt durchsprach. Sie hatte ihre Setlisten ausgedruckt und laminiert und mit allerhand Bühnenanweisungen versehen.

„Okay, Rudi, jetzt schau noch mal genau auf die Setlist. Zwischen Lied 3 und Lied 4 mache ich dann wieder diesen Witz und du lachst dann! Hast du verstanden? Du lachst dann! Das war gestern Mist, Rudi, da hast du nicht gelacht."

Ich sah ein Flackern in Rudis Augen. Er war kurz davor, dem pedantischen Leadsänger die zusammengerollte und laminierte Setlist in den Rachen zu stopfen. Quer.

Der Auftritt war hölzern.

Pure Perfektion und pedantische Absprachen helfen nicht, in Schwingung zu kommen. Manchmal sind es gerade die kleinen Pannen, die einen Auftritt besonders machen.

Bei einem Auftritt in der Markthalle setzte eine Band auf den Knalleffekt zahlreicher Konfettikanonen, die sie aus der Hand über die Köpfe des Publikums feuerten. Einer

5 1. Johannes 4,18

der Stagehands, der gerade gut gelaunt im Konzertgraben stand, nutzte den Anlass, sprang auf die Bühne, angelte sich eine Kanone und feuerte sie betont breitbeinig und Grimassen schneidend Richtung Publikum ab. Nur ... er hatte sie falsch herum gehalten, sodass die Konfettiladung statt über den Köpfen des Publikums in der Breitbeinigkeit seiner Jeans detonierte.

Er kippte von der Bühne und kugelte sich unter dem frenetischen Applaus des Publikums lachend im Konzertgraben.

Auch ich war ein Meister solcher Pannen. Was auch für Lacher innerhalb der Band sorgte.

Bei einer Tour hatten wir uns ein kleines Bühnenshowelement einfallen lassen: Während eines Drum-Solos am Ende unseres Sets bauten wir das Schlagzeug des Drummers ab und warfen ihn dann ins Publikum. *„Passt auf Leute, dieses Mal schnappe ich Marlon und werfe ihn alleine ins Publikum, während ihr das Schlagzeug abbaut."*

„Alles klar."

Leider schnappte ich ihn einen Song zu früh, was das Publikum irritierte und bei Johnny und Marlon zu einem Lachanfall nach der Show führte.

„Hähähäääää, du hast mich zu früh weggetragen, hähähä."

„Ach, deswegen hast du dich so gewehrt."

„Ja, genau, hähä."

„Kein Problem, nächstes Mal mach ich es wieder so!“

Um die Seelenfenster für ein solches Erlebnis öffnen zu können, ist es wichtig, regelmäßig innerlich mit dem eigenen Ballast aufzuräumen.

Zusammen zu lachen und auch die Pannen zu feiern.

Das versuche ich auch regelmäßig bei meiner Arbeit als Pastor zu vermitteln. Es geht immer darum, zusammen zu feiern. Egal, ob Show oder Gottesdienst.

Bei einer Tour entsteht ordentlich innerer Druck, sodass auch mal richtig gekeift wird.

Kopf an Kopf. Es ist nicht immer einfach, sich danach wieder zu versöhnen, vor allem nicht ohne Abstand. Es ist aber unerlässlich für den eigenen Seelenfrieden.

Es ist wichtig, sich zu versöhnen, wenn es Streit gab, oder denjenigen zu vergeben, die einen in irgendeiner Form abgefuckt haben.

Wenn das gelungen ist und das Herz wieder weich ist, dann ist ein guter Auftritt möglich.

Als Musiker musst du vergeben können, sonst implodierst du irgendwann.

Es ist alles ein großes Lernfeld.

LOTTO
Hamburg
LOTTO
KAFFEE

HOFFNUNGSTANKSTELLEN

Es gibt die Geschichte, dass der bekannte Theologe Karl Barth einmal in einer Kirche eine Zigarre geraucht haben soll, um zu verdeutlichen, dass es keine heiligen Räume gebe. Ich weiß nicht, ob er Recht oder Unrecht hatte. Aber ich glaube, dass jeder Ort, jeder Raum das Potenzial hat, heilig zu sein – immer dann, wenn der Raum mit Liebe gefüllt wird.

Menschen werden sich immer ihre Orte suchen, an denen sie mit dem in Verbindung gehen, was ihrem Leben Tiefe gibt. Und immer, wenn sie es schaffen, sich zu connecten, passiert es.

Sie tanzen in den Kathedralen der Nacht dem Morgen entgegen und alles leuchtet.

Sie meditieren in Kirchen und Yogastudios, recken Vorder- und Rückseite dem Himmel entgegen.

Manche sind bewusst auf der Suche nach ihrer Verbindung, andere sind es nicht. Sie finden sie in der Einsamkeit am nebligen Elbstrand oder fahren wie Getriebene in tiefergelegten Powerboliden immer und immer wieder über die *Rote Meile,* auf der Suche nach Resonanz.

Die Orte, die sie nutzen, um sich zu connecten sind unterschiedlich.

Manchmal finden sie den Ort, manchmal findet der Ort sie.

Vor meiner Tür in der Davidstraße trafen sich viele Jahre lang Menschen mit Suchterkrankungen. Sie saßen auf den Treppenstufen unseres Hauseingangs und warteten darauf, dass der Drogenkonsumraum und die Beratungsstelle *Stay Alive* öffneten.

Das Stay war ihr Zufluchtsort, an dem manche versuchten, wieder einen Fuß in die Tür zu einem Leben jenseits der Sucht zu bekommen. Andere versuchten einfach den Tag zu überleben.

Immer wenn ich in unsere kleine Musikerkommune wollte, stand die ganze Crew geschlossen von der Treppe auf. Meistens grüßten sie freundlich. Sie unterhielten sich über den neuesten Reeperbahn-Tratsch, und wenn im Sommer mein Fenster offenstand, wehte der Wind die Gesprächsfetzen bis in mein Wohnzimmer.

„Ich weiß nicht, wie ich das weiter machen soll, zu sechst in einem Zimmer ... Selbst einem Hund steht per Gesetz mehr Wohnraum zu, als ich gerade zur Verfügung habe ... Ja, ja ... Oettinger wäre jetzt geil ...“

Als irgendwann das *Stay Alive* von der Reeperbahn in die Virchowstraße zog, verschwanden auch die bekannten Gesichter, die sonst jeden Tag auf der Treppe der Davidstraße gesessen hatten und mich jeden Morgen wie auch Abend begrüßt hatten. An manche denke ich heute noch ab und zu. Frage mich, ob sie noch leben. Ob sie es geschafft haben. Von einem weiß ich es. Er blieb dem Ort treu, obwohl sich um ihn herum alles veränderte.

Nachdem das *Stay Alive* die Reeperbahn verlassen hatte, eröffnete ein kleiner Kiosk in diesen ehemaligen Räumen seine Pforten. Viel Liebe wurde in den Ausbau des Ortes gesteckt, eine kleine Bar eingezogen, bunte Süßigkeitenspender, eine kleine Post- und Lottostation. Ein Fußboden mit Schachbrettmuster und vor allem zwei Engel des Alltags, die liebevollen Betreiber dieser Hoffnungstankstelle. Es war ein kleines Schlaraffenland. Wenn man sich aufgrund sozialer Phobien nicht zu weit vor die Tür bewegen wollte, waren es nur wenige Schritte aus der Haustür und schon war man in Sicherheit. Konnte Getränke, Chips und Tabak kaufen und schnellstmöglich wieder in die sicheren vier Wände zurückkehren. Auch Pakete fanden mittlerweile ihren Weg zu mir, da sie nun im warmen Kiosk auf mich warteten und nicht auf den Stufen des Treppenhauses.

Eine neue Hoffnungstankstelle war für die Kinder der Nacht entstanden. Sie wurde für manch einem zu einem Stück Heimat. Auch für mich. Eines Tages, als ich wieder einmal mit Kioskbetreiber Musti im Gespräch war, fragte er mich unvermittelt:

„Weißt du eigentlich, dass es hier hinter dem Tresen einen Gang gibt, der unter der Reeperbahn bis zum Heiligengeistfeld führt?“

Ich wusste, dass es unter den Straßen Hamburgs noch eine andere Welt gab, hatte mal einen Comic dazu verschlungen, der von einem S-Bahn-Surfer namens Ralph handelte, der gemeinsam mit anderen Outlaws in den Sielen unter der Stadt wohnte. Nicht aber wusste ich, dass sich eines der Portale in die Hamburger Unterwelt genau unter meiner Wohnung befand. Musti öffnete eine Klappe und wir stiegen hinab bis an die Stelle, an der eine Mauer den Gang Richtung Heiligengeistfeld versperrte. Hier hatten Familien mit Kindern gekauert – in der Nacht, als über Hamburg die Bomben fielen. Sie hatten Schutz gefunden in dem engen Luftschutzgang. Hatten gehofft, dass die wütende „Operation Gomorrha“ bald vorbeisein würde.

Wir stiegen wieder auf ans Tageslicht.

Musti und ich blieben in Kontakt. Auch nachdem ich irgendwann die Davidstraße verließ. Immer wenn ich über die Davidstraße laufe, versuche ich einmal vorbeizuschauen. An meiner Hoffnungstankstelle.

Irgendwann beschlossen Johnny Mocanelli und ich, eine augenzwinkernde Gegenveranstaltung zu dem großen Hamburger Reeperbahn-Festival zu starten: ein kleinen kultigen Kiosk-Gig für Agenturhasis.

In der hintersten Ecke des Kiosks positionierten wir das Schlagzeug. Als wir dann zu spielen begannen, platzte der Kiosk aus allen Nähten.

„Ihr dürft nicht springen, sonst stürzt der Fußboden ein."

Zufällig war eine Statikerin vor Ort. Sie koordinierte alles und beriet.

Die Show konnte losgehen.

Und alles begann zu verschwimmen.

Ich verschwand in der Musik.

Kein Schmerz.

Verbundenheit. Liebe.

Irgendwann während des Konzerts wurde ich emotional. So viele Geschichten, die diese Mauern bereits erlebt hatten. Was würden sie uns wohl alles erzählen, wenn sie reden könnten?

Wie sah das wohl aus, als hier vor ungefähr 80 Jahren die Bomben über Hamburg fielen? Wer stand wohl schon alles hier an dem Platz hinter der Bar, den ich gerade einnahm? Ein wenig Wehmut bei aller Schönheit des Abends.

Alles ist in Bewegung und nichts bleibt, wie es ist.

Das lehrt dich die Musik.

Das lehren dich deine Hoffnungstankstellen, in denen du auftrittst.

Sie verändern sich durch die Menschen, die sie beleben und mit ihrer Liebe befüllen.

Gesegnet die Betreiber dieser Orte und der Wind der Veränderung.

Alles um uns verändert sich, die Menschen kommen und gehen, die Liebe bleibt.

Gerade heute wird mir das bei meinem Pastorenjob bewusst. Die Kirche ist genauso in stetigem Wandel. Gott sei Dank! Ich hoffe, ich kann dazu etwas Positives beitragen, und doch ist klar, dass wir immer an etwas bauen, das größer ist als wir selbst.

Das ist in der Musik so, aber auch in meinem Beruf als Pastor.

Wenn wir Vergangenheit sind, steht das Haus in der Davidstraße vermutlich noch, auch die Kirchen, in denen ich gearbeitet habe, im besten Fall auch die Gemeinden, in denen ich gedient habe.

Was bleibt, ist die Liebe, die wir geteilt haben, und eben manchmal bleiben auch die Orte.

„Und den einen Moment war'n wir kurze Zeit eins
mit dem Großen und Ganzen.
Bitte begreif,
dass uns dieses Gefühl, Stück für Stück,
aus den Fingern glitscht.
Iggitiggiti, oh what a pity.
Fuck war das schön."

ÜBER DIE KUNST LOSZULASSEN

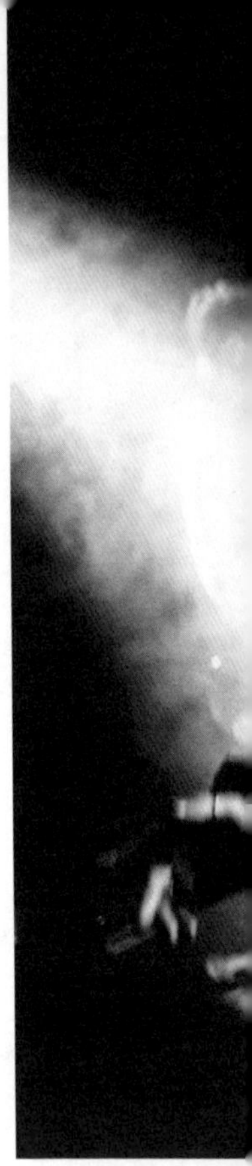

„Alles fließt,
fließt davon,
alles hat das Wasser mitgenomm.
Alles Lügen,
alles Leid,
relativiert, relativ leicht,
der Strom der Zeit.“

Song: Alles fließt

Bei jeder Band, in der ich in den letzten zwanzig Jahren gespielt habe, kam irgendwann der Punkt, dass sich Dinge veränderten.

Manche kehrten der Musik den Rücken, gründeten Familien und begannen ein neues Leben mit anderen Klängen. Andere wollten einen anderen Lebensrhythmus, einen anderen Beat, ein sicheres Einkommen, weniger Existenzängste oder auch ihre Gesundheit zurück, die ihnen das exzessive Touren genommen hatte.

Die meisten Wechsel waren mit einem gewissen Trennungsschmerz verbunden, hatte man doch für eine gewisse Zeit wie eine Familie alles geteilt. Und doch kann ich rückblickend sagen, dass jeder Wechsel auf seine besondere Art die Bands nach vorne gebracht hatte.

Früher wollte ich das nicht wahrhaben. Ich hatte vor diesen Momenten der Trennung immer große Angst und

versuchte, die Person, die gehen wollte, um jeden Preis in der Band zu halten. Redete mit Engelszungen, führte nächtelange Problemgespräche, kaufte Schnaps und Zigaretten, schmierte dicklagig Honig um den Mund des potenziellen Bandverlassers. Manche nutzten das auch aus.

„Wir brauchen dich und deinen Sound. Willst du dir das nicht noch mal überlegen?“

„Joah, ich weiß nicht, der Proberaum ist halt auch echt nicht gut, da kann man nicht gut proben drin.“

„Aber da können wir ja was machen, da finden wir bestimmt eine Lösung, lass mich mal überlegen …“

Heute weiß ich, das hätte ich mir durchaus sparen können.

Jemand, der gehen möchte, soll auch gehen können.

Die Musik wird nie aufhören, es ist wichtig loszulassen, denn die Musik tut dann gut, wenn sie auf Augenhöhe gespielt wird.

Vielleicht lässt sich das auch auf andere Lebenslagen übertragen, und zwar immer dann, wenn wir uns an etwas klammern, von dem wir tief in uns eigentlich schon wissen, dass wir es nicht halten können.

Also, lasst den los, der gehen will, auch wenn es für einen Moment wehtut, es ist immer auch die Chance, dass es noch besser wird.

Leiden und Liebe sind beides Motoren, die die große Kraft haben, dass sich etwas zum Guten verändert.

Dass wir intensiver leben.

Dass wir uns auf das Wesentliche besinnen.

Dass wir lernen loszulassen, ohne nachtragend zu sein.

DER SILBERNE WALFISCH

„Möge ein Licht für dich scheinen,
in finsteren Zeiten
und ebenso jetzt.
Möge dein Kopf sich befreien,
von sämtlichen Leiden,
verheilen, was verletzt.
Guter Wind, der für dich singt,
der dich weitet, immer weiter
bis nach Hause bringt.
Gottes Wind, der für dich singt,
der dich weitet, immer weiter
bis nach Hause bringt.
Möge dein Herz dir stets sagen
an traurigen Tagen,
wie wertvoll du bist.
Möge dein Blick sich nicht trüben
durch Bosheit und Lügen,
durch Neid, der zerfrisst.
Guter Wind, der für dich singt,
der dich weitet, immer weiter
bis nach Hause bringt.
Gottes Wind, der für dich singt,
der dich weitet, immer weiter
bis nach Hause bringt.“

Song: Bis nach Hause

Durch das Auf und Ab des Alltags, das Lachen lärmender Kinder, die singenden Bahnschienen und den stampfenden Herzschlag des Hafens erklang eines Tages ganz unvermittelt Gottes Melodie der Ewigkeit.

Der Herbstwind wehte gerade die letzten Blätter von den Bäumen, warf sie noch einmal für ein paar liebevolle Pirouetten in die Luft. Einen Moment schien er zu zögern, dann legte er sich zur Ruhe, hinter den gläsernen Fassaden der Hochhäuser an der Waterkant.

Ein paar Hunde tollten vorbei an dem kleinen versteckten Platz mit den Bänken, auf die ich mich niedergelassen

hatte, um für einen Moment die Augen zu schließen und mich innerlich zu sortieren.

Einer der Hunde war schwarz, blieb schnuppernd stehen und blickte mich schwanzwedelnd an. Ich sah mich um. *„Wer geht mit dir Gassi? Niemand?“* Ein Pfiff ertönte aus der Ferne. Der schwarze Hund lief weiter, dem Pfiff hinterher, verschwand aus dem Blickfeld hinter der nahe gelegenen Brücke des Parks.

Ich spürte, wie etwas in mir langsam und bestimmt anfing zu schwingen.

Ich hatte einen Anruf erhalten. Eine Anfrage für die *„Kirche der Stille“* in Altona. Ich hatte Ja gesagt.

Würde auf die Suche gehen nach dem Klang der Stille. Wir würden umziehen.

Zurück an den Ort, an dem meine Reise in Hamburg begonnen hatte.

Da war es wieder, dieses sehnsuchtsvolle Ziehen.

Diesmal fühlte es sich an wie Heimweh.

Ich wusste, ich würde wohl niemals an einem bestimmten Ort Heimat finden.

Aber ich würde weiter versuchen, zu den himmlischen Melodien zu tanzen.

Die Angst vor dem Leben würde mich weiter begleiten.

Aber ich würde dagegen glauben, lieben und hoffen.

Ich richtete mich von der Bank auf. Schloss noch einmal die Augen und lauschte.

Da war es wieder, das Schnauben des silbernen Walfischs, der durch den nahe gelegenen Tunnel glitt.

Er würde mich davontragen.

Wenn ich auch keine Heimat hatte, so wusste ich doch genau, wo ich zu Hause war.

Dorthin würde er mich bringen.

Zu Doro und den Kindern.

Bis nach Hause.

Amen.

no place for
racism
homophobia
sexism
fascism
hate

Epilog

JEDE MELODIE IST WICHTIG

Ein Spaziergänger, der in der anbrechenden Nacht vor einem Hochhaus am Hafen innehält und in die langsam erwachenden Lichter der zahlreichen Wohnungen blickt, erahnt vielleicht die Vielzahl an bunten Geschichten derer, die hinter dem Fensterglas im dritten, elften oder 19. Stock geraden den Lichtschalter betätigt haben.

So viele Geschichten, die noch nicht zu Ende erzählt wurden.

Heitere, traurige, wahre und gelogene.

So vielfältig und bunt wie das geheimnisvolle Leben.

Auch diese Geschichte ist noch nicht zu Ende erzählt.

Sie ist eine von vielen.

Ein kleiner Einblick in die Welt eines Menschen, der in aller Ambivalenz durch die Jahrzehnte gestolpert ist.

Er hat gelogen, geliebt, gelacht, geweint und gelebt. Nicht immer lag er richtig.

Oft hat er auch gegen den Beat getanzt.

Ein paar Fragen hat er gestellt, ein paar Antworten gefunden.

Einiges bleibt offen.

Das ist in Ordnung.

Es ist schon richtig zu sagen: „Alles hat seine Zeit."

Jede Geschichte hat ihren Rhythmus, ihren Beat, ihren Soundtrack.

Der göttliche Wind kennt sie alle.

Er ist es, der unsere Lebensmelodien zu diesem einen großen Klangteppich verwebt und verbindet.

Eine Symphonie der Menschheit, deren Thema dieses große und wunderbare Geheimnis ist, das manche Menschen Gott nennen.

Jede Stimme zählt.

Jede Melodie ist wichtig, denn am schönsten klingt es, wenn es gemeinsam schwingt.

Wenn ich in meinem persönlichen Tanz durch die Jahrzehnte etwas von diesem Tiefenklang spüren durfte, dann vielleicht das.

Wir sind nicht allein.

DANKE AN

Micha Raadts, Chris Born und Christian Bendel.

Für die Kunst hinter der Kamera,
die Gemeinschaft auf dem Weg durch die Jahrzehnte,
und euer Herz für die Musik.

Danke auch an Thomas Hirsch-Hüffel für die Bilder aus Ratzeburg.

Danke an Leila Ivarsson für die Bilder der Bartrauung und an alle, die ihre Erlaubnis für die Verwendung der Bilder gegeben haben.

Danke an Stefan Rüth für die Arbeit auf Augenhöhe und das Bonifatius Team für die Energie.

FOTONACHWEISE:

Michael Raadts:

S. 6, S. 10, S. 14, S. 17, S. 18, S. 26, S. 62+63, S. 67, S. 74, S. 75, S. 77, S. 80, S. 99, S. 102, S. 105, S. 129, S. 134, S. 146, S. 151, S. 155, S. 178, S. 181, S. 183, S. 185, S. 189, S. 193, S. 197, S. 201, S. 232, S. 234-236, S. 241, S. 243, S. 244, S. 248+249, S. 251, S. 256, S. 260, S. 266, S. 269, S. 273, S. 275, S. 278.

Chris Born:

S. 4+5, S. 19, S. 36-38, S. 41, S. 49, S. 55, S. 59, S. 61, S. 68, S. 72+73, S. 82, S. 83, S. 84, S. 88+89, S. 133, S. 137, S. 141, S. 170, S. 215, S. 222+223, S. 228, S. 231, S. 281, S. 284+285.

Christian Bendel:

S. 42+43, S. 94, S. 97, S. 108, S. 112, S. 113, S. 114.

Thomas Hirsch-Hüffel:

S. 165.

Leila Ivarson:

S. 224, S. 227.

Bibliografische Information der Deutschen Nationalbibliothek:
Die Deutsche Nationalbibliothek verzeichnet diese Publikation in der Deutschen Nationalbibliografie; detaillierte bibliografische Daten sind im Internet über http://dnb.d-nb.de abrufbar.

FSC www.fsc.org MIX Papier | Fördert gute Waldnutzung FSC® C014889

Druckprodukt mit finanziellem Klimabeitrag
ClimatePartner.com/12514-2504-1015

Klimaneutrale Produktion.
Gedruckt auf umweltfreundlichem, chlorfrei gebleichtem Papier.

Bibelzitate wurden folgender Übersetzung entnommen:
Lutherbibel, revidiert 2017, © 2016 Deutsche Bibelgesellschaft, Stuttgart

1. Auflage 2025

Karl-Schurz-Str. 26 | 33100 Paderborn | Tel. 05251 153-171
buchverlag@bonifatius.de

Umschlaggestaltung: Weiss Werkstatt München, werkstattmuenchen.com
Titelfoto und Umschlagfotos: © Michael Raadts
Satz und Gestaltung: spoon design, Langgöns, spoondesign.de
Druck und Bindung: Pustet, Regensburg
Printed in Germany
ISBN: 978-3-98790-072-3

www.bonifatius-verlag.de